Instant Immersion
Inglés™

developed by Mary March, M.A.

written by Jenny Lona, Ph.D.

© 2003 Topics Entertainment, Inc.

1600 S.W. 43rd Street, Renton, WA 98055 U.S.A.

www.topics-ent.com

All rights reserved. No part of this book may be reproduced or transmitted in any form or by any means, electronic or mechanical, including photocopying without permission in writing from the Publisher.

Instant Immersion™

developed by Mary March, M.A.
written by Jenny Lona, Ph.D.

ISBN 1-59150-312-4

Edited by AOLTI
Creative Director: Tricia Vander Leest
Illustrations by Elizabeth Haidle
Art Director: Paul Haidle
Design by Paul Haidle
Maps by Lonely Planet®

Printed on 100% recycled paper. Printed in the U.S.A.

Thanks to CDS Publications

CONTENIDO

Capítulo 1	Good morning! *¡Buenos días!*	6
Capítulo 2	I'm hungry. *Tengo hambre.*	12
Capítulo 3	Excuse me! *¡Perdón!*	16
Capítulo 4	How much is it? *¿Cuánto cuesta?*	22
Capítulo 5	What day is it? *¿Qué día es?*	28
Capítulo 6	Is it far? *¿Está lejos?*	34
Capítulo 7	Which season do you prefer? *¿Qué estación prefieres?*	40
Capítulo 8	This is my family. *Ésta es mi familia.*	46
Capítulo 9	It's too cold. *Hace demasiado frío.*	52
Capítulo 10	Do you have the time please? *¿Tiene Ud. la hora, por favor?*	58
Capítulo 11	What do you do in your free time? *¿Qué haces en tu tiempo libre?*	64
Capítulo 12	Did you have a good weekend? *¿Pasaste un buen fin de semana?*	70
Capítulo 13	What do you want to eat? *¿Qué quieres comer?*	76
Capítulo 14	What's the matter? *¿Qué te pasa?*	82
Capítulo 15	That looks great on you! *¡Eso te queda muy bien!*	88
Capítulo 16	That's life! *¡Así es la vida!*	94
Clave de Respuestas		100
Glosario		106
Páginas Culturales		113
Calcomanías		117

INTRODUCCIÓN

¡*Welcome* (bienvenido) a *Instant Immersion Inglés*™! El conocimiento de otras culturas es esencial para entrar a formar parte de la comunidad global. El saber comunicarse en otros idiomas puede facilitar este proceso. Has decidido aprender un idioma verdaderamente global. Hay diversas culturas de habla inglesa en Europa, Las Américas, el Pacífico Sur, y aun África. Éstas tienen un efecto global en la comida, la moda, la música, la arquitectura, y las bellas artes.

Bueno, manos a la obra. Sabías que un gran porcentaje del vocabulario de español tiene sus raíces en el latín? El inglés también recibió mucho de su vocabulario del latín, así que hay muchas palabras semejantes entre las dos lenguas. Esto significa que ya sabes el significado de muchas palabras inglesas como: *television, possible, restaurant, music, banana, bicycle, hospital, December, special,* y muchas más! Solo tienes que aprender a pronunciarlas. Con la ayuda de este manual, vas a encontrar esta tarea mucho menos *difficult* (difícil).

Este manual te va a ayudar a aprender lo básico para poder comunicarte en inglés de manera divertida y fácil. Se incluyen muchas frases y expresiones populares y se te muestra como se usan estas por medio de ejemplos de conversaciones y cuentos. Este texto también te proporciona un sistema fácil de pronunciación que te va a dar el ánimo necesario para hablar inglés. Una gran variedad de temas interesantes y útiles te darán un cimiento firme en el lenguaje. Por ejemplo, aprenderás en como ordenar comida en un restaurante, como viajar confortablemente por el país, y hasta que hacer cuando encuentras situaciones problemáticas.

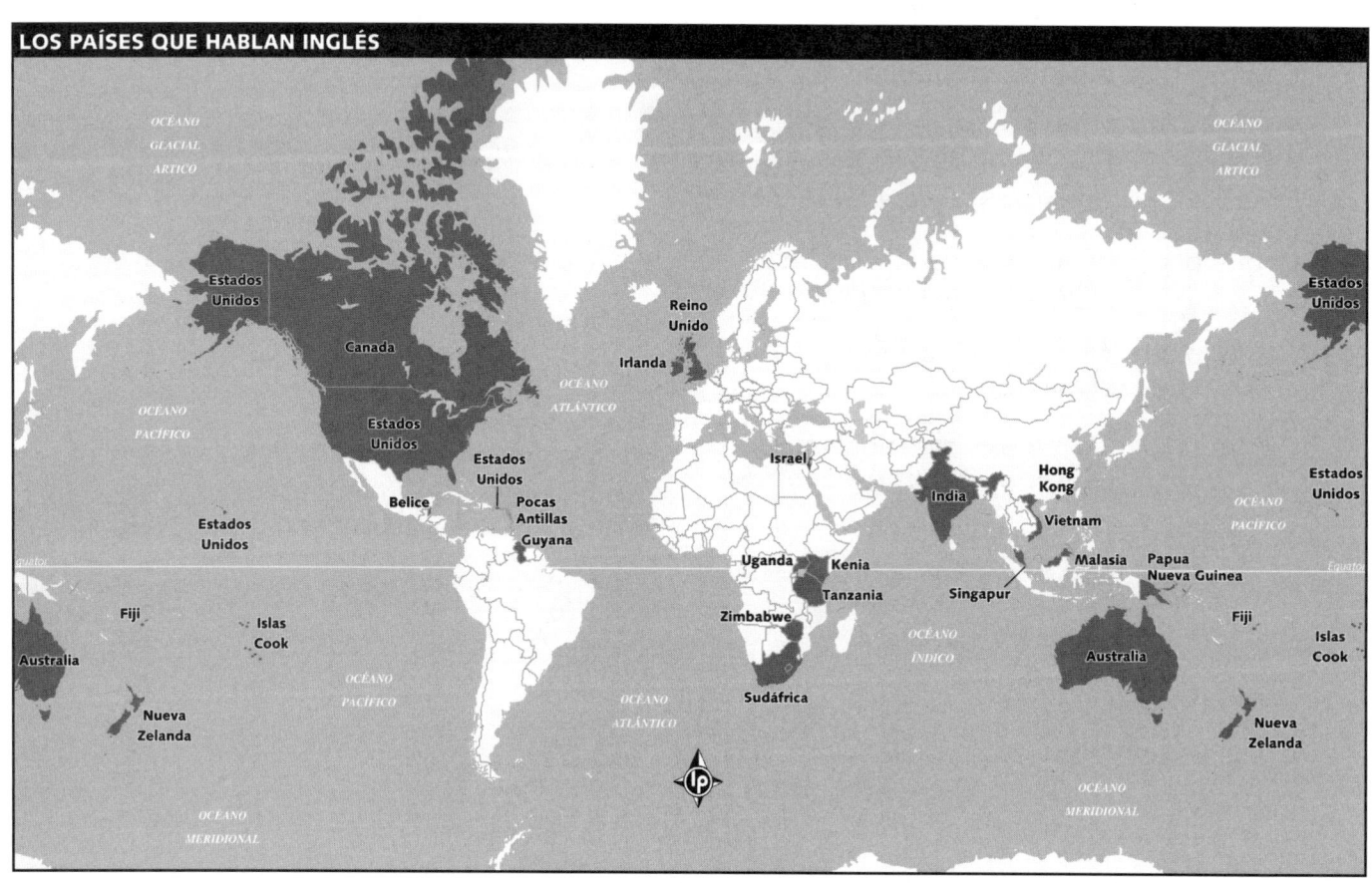

Guía de pronunciación

¡El inglés no es muy consistente con respeto a la pronunciación de las letras! Pero no te preocupes *(don't worry)*. En este manual vas a encontrar mucha información que te ayudará a pronunciar muchas palabras como hablante nativo. El inglés tiene muchos de los mismos sonidos que conoces del español, más unos sonidos especiales que tal vez no estás acostumbrado a oír. El cuadro abajo describe muchos de los sonidos comunes del idioma; por todo este texto, la pronunciación de palabras nuevas se da, con la sílaba enfatizada subrayada.

Las letras del alfabeto		**Sonidos posibles**
letra	nombre	
a	(ey)	(a), como la "a" española; (ey), como en "bu**ey**"; (æ), un sonido más arriba que (a) en la boca pero más bajo que (e) (en palabras como *hat, cat, at*)
b	(biy)	(b), como la "b" española pero más fuerte; ciérrate los labios completamente
c	(siy)	(s), como la (s) del español; (k), como la "c" en "**c**asa"
d	(diy)	(d), semejante a la "r" simple de español en "caro", pero un poco más fuerte
e	(iy)	(E), un sonido entre (e) y (æ), como(e) pero más abierto (en palabras como *get, pet, debt*); (i), como la "i" española pero más largo; al fin de una palabra, e suele ser silente
f	(ef)	(f), como la "f" española
g	(jiy)	(g), como en "la**g**o"; (j), como el sonido (ch) pero con ruido, o "voz"
h	(eych)	(h), semejante a "j" en la palabra "jota", pero un poquito más suave
i	(ay)	(I), un sonido más bajo en la boca que (i), pero más arriba que (e) (en palabras como *sit, with, in, sick*); (ay), como la palabra "¡Ay!"
j	(jey)	(j), como el sonido (ch) pero con ruido, o "voz"
k	(key)	(k), como en "**c**asa"
l	(el)	(l), como la "l" española
m	(em)	(m), como la "m" española
n	(en)	(n), como la "n" española
o	(o)	(o), como la "o" española; (a), como la "a" española
p	(piy)	(p), como la "p" española (con la expulsión de aire un poco más fuerte)
q	(kyuw)	(k); siempre seguido por u, la combinación se pronuncia (kw), como "cu" en "**cu**eva"
r	(ar)	(r), un sonido un poco semejante a la "rr" española, pero la lengua está en posición central en la boca; en vez de tocar la punta de la lengua al paladar, se levanta un poco la parte central de la lengua
s	(es)	(s), como la "s" española
t	(tiy)	(t), como la "t" española (con la expulsión de aire un poco más fuerte)
u	(yuw)	(u), semejante a la "u" española pero un poco más largo; (U), un sonido semejante a (a), pero más arriba en la boca (en palabras como *up, fun, umbrella*)
v	(viy)	(v), como el sonido (f) pero con ruido, o "voz"
w	(<u>d</u>ubl yuw)	(w), como la "u" en "c**u**eva"
x	(eks)	(ks), como en "é**x**ito"
y	(way)	(y), como el sonido final de "bue**y**"; (i), como la "i" española
z	(ziy)	(z), como el sonido (s) pero con ruido, o "voz"

Con esta clave puedes pronunciar todas las palabras en este manual. Muchas palabras inglesas llevan estrés en la primera sílaba, pero es difícil predecir a veces, y por eso el estrés de la palabra se te indica. Vas a ver unas sílabas que no parecen tener ninguna vocal; el sonido resonante de unas consonantes como **l**, **r**, y **d** puede servir como "vocal" en una sílaba no enfatizada.

CAPÍTULO 1

(gud <u>mor</u>ning)
Good morning!
¡Buenos días!

Unos sonidos particulares del inglés

(sh)   Este sonido es bastante común; la posición de la boca y la lengua es igual a la del sonido (ch), pero el aire pasa libremente, como en el sonido (s).

(zh)   Este sonido es a (sh) como (z) es a (s); se hace en la misma manera pero con "voz", que quiere decir más ruidosamente, con sonido resonante. La única diferencia entre (p) y (b), por ejemplo, es que (b) tiene voz pero (p) no lo tiene. El sonido (zh) ocurre dentro de unas pocas palabras inglesas, como *treasure (trezhur)* (tesoro) y *pleasure (plezhur)* (placer).

(th)   Este sonido se pronuncia con la lengua entre los dientes, exactamente como (θ) (el sonido de la z en regiones de españa) pero con voz. Ambos (th) y (θ) ocurren en muchas palabras inglesas comunes.

	(θ)		(th)
thing	(θing) cosa	there	(thEr) allí
thought	(θawt) pensamiento	they	(they) ellos/ellas
with	(wIθ) con	weather	(<u>wE</u>θr) el tiempo

(Its al thU seym tu mi)
It's all the same to me.
Me da igual.

(lEts go)
Let's go!
¡Vamos!

(hi)
he
él

(mæn)
man
hombre

(mornIng)
morning
la mañana

(shi)
she
ella

(wumUn)
woman
mujer

(tu tawk)
to talk
hablar

(gud mornIng)
Good morning.
Buenos días.

(haw ar yu)
How are you?
¿Cómo está Usted?

(aym fayn)
I'm fine.
Estoy bien.

(yu)
you
tú/Ud

(want)
want
quiere

(tu hæv)
to have
tener

(tu go)
to go
ir

(tu iyt)
to eat
comer

(dInr)
dinner
la cena

(lUnch)
lunch
el almuerzo

(brEkfUst)
breakfast
el desayuno

(pænkeyks)
pancakes
panqueques

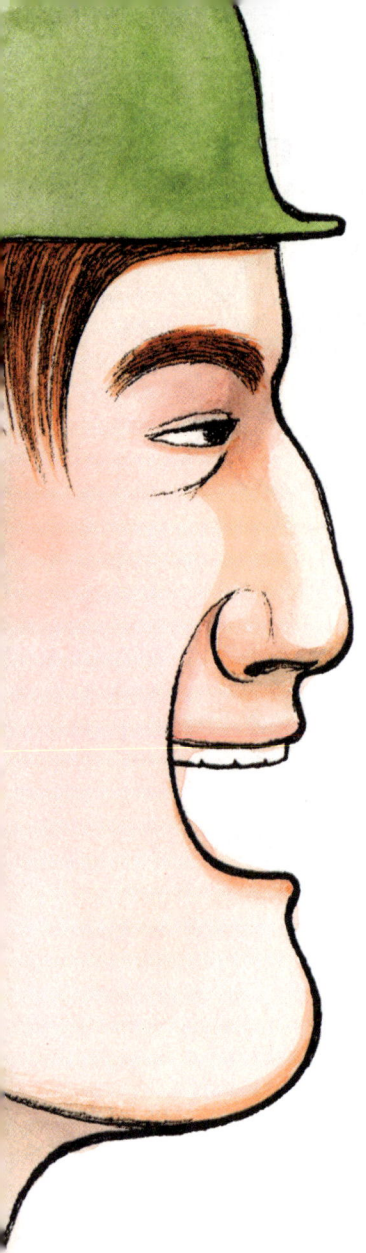

DIÁLOGO

(It Iz mornIng)   (U wumUn   (soozn) ænd U mæn (grEg) ar takIng)
It is morning. A woman (Susan) and a man (Greg) are talking.
  es   *una*   *y un*

  (gud mornIng)   (haw ar yu)
Susan: "Good morning, Greg. How are you?"

  (gud mornIng)   (aym fayn)   (ænd yu)
Greg: "Good morning, Susan. I'm fine. And you?"

  (aym fayn thænk yu)
Susan: "I'm fine, thank you."

  (weyr du yu   want tu hæv brEkfUst)
¿Where do you want to have breakfast?"
  dónde

  (Its al thU seym tu mi)
Greg: "It's all the same to me.

(wiy kæn go tu thU kæfey In thU hotEl)   (ay want tu iyt)
We can go to the café in the hotel. I want to eat
podemos   al   en el   quiero

  (sUm)   (pænkeyks)
  some   pancakes."
  unos

  (mi tu)   (okey lEts go)
Susan: "Me too. OK, Let's go!"
  yo también

PRÁCTICA

Llena los espacios en blanco usando las palabras en el cuadro

| breakfast | dinner | want | to have |
| lunch | where | you | where |

1. ¿ _____ do you want to have _____ ? *(a las 20.00)*

2. Where do _____ _____ to have _____ ? *(a mediodia)*

3. Where do you want _____ _____ _____ ? *(a las 8.00)*

4. _____ do you want to eat?

PAREJAS

_____ 1. a woman and a man are talking.

_____ 2. Me too. OK, Let's go!

_____ 3. It's all the same to me.

_____ 4. It is morning.

_____ 5. Where do you want to have breakfast?

_____ 6. I want to eat.

LOS PRONOMBRES DE SUJETO

SINGULAR

(ay)   (yu)
I   you
yo   tú, Ud., vosotros/as, Uds.

(hi)   (It)
he   it
él   él/ella, con cosas (versus personas)

(shi)
she
ella

PLURAL

(wi)
we
nosotros/as

(yu)   (gayz)   (yal)
you (you guys, y'all)
vosotros/as

(they)
they
ellos/as, con cosas y personas

CONJUGACIÓN VERBAL

to eat
comer

(ay iyt U lItl)
I eat a little.
un poco

(U lat)
We eat a lot.
mucho

(miyt)
You eat meat.
carne

(pastU)
You eat pasta.
espaguetis

(iyts) (In thU kar)
She eats in the car.
en el coche

(bich)
They eat on the beach.
en la playa

(bich)
He eats on the beach.
en la playa

(bEd)
They eat in bed.
la cama

Como ves, es muy común en inglés que un verbo tenga solo dos formas diferentes en el presente simple. Qué fácil, ¿no?

En inglés hay un pronombre de sujeto, *"you"*, que sirve como pronombre de segunda persona. *"You"* se usa para traducir todo pronombre de segunda persona: tú, vos, Ud., vosotros, vosotras, Uds., no importa. En el sur de los Estados Unidos se suele usar la forma *"y'all"*, que es más o menos como "vosotros/as" en que es plural, familiar, y regional. En cambio, en ciertas regiones en el oeste o norte de los EEUU, unas personas usan *"you guys"* como forma plural y familiar de *"you"* (tanto con mujeres como con hombres).

Una diferencia importante entre el inglés y el español es que en inglés, se tiene que usar un pronombre de sujeto explícito. Por ejemplo, aunque en español está bien decir "hablo español", sin usar el pronombre "yo", en inglés hay que decir *"I speak English"*, usando el pronombre de sujeto.

TO GO (IR)

"To go" es un verbo muy común en inglés. Aquí están sus formas:

I/ you/ we/ they	go	*(go)*
he/ she/ it	goes	*(goz)*

Es muy ventajoso saber usar *"to go"*. Una cosa útil que puedes hacer con este verbo es hablar del futuro. También se puede hacer eso en español, por ejemplo en "Voy a salir a las tres". El equivalente en inglés es *"I'm going to leave at three"*; como puedes ver, para formar el tiempo futuro en inglés usas el presente progresivo de *"to go"* más el infinitivo de otro verbo. Aquí ves unos ejemplos:

We're going to visit Mexico in November.
Vamos a visitar México en noviembre.

Are you (all) going to take the train?
¿Uds. van a tomar el tren?

What are you going to eat tonight for dinner?
¿Qué vas a cenar esta noche?

I'm going to eat pizza with my friends.
Voy a comer pizza con mis amigos.

You're really going to like this museum.
Este museo te va a gustar mucho.

CAPÍTULO 2

I'm hungry!
¡Tengo hambre!

Leer en inglés te ayudará a comprender mejor el idioma. Es una manera fácil de aumentar tu vocabulario y tu conocimiento de las estructuras gramaticales. Pronuncia los modismos y vocablos. Estudia el significado de cada uno. Luego, lee el cuento en silencio, tratando de comprenderlo. Vuelve a leerlo en voz alta, concentrándote en la pronunciación de las palabras.

(wUt lUk)
What luck!
¡Qué suerte!

(aym hUngry)
I'm hungry.
Tengo hambre.

(Entrz)
enters
entra en

(livz)
leaves
sale de

(hæpi)
happy
contento

(sæd)
sad
triste

(frEndz)
friends
amigas

(chiz)
cheese
queso

(gIvz)
gives
da

LOS NÚMEROS

Si quieres entender un número de habitación, darle a alguien tu número de teléfono, o entender el precio de algo que quieres comprar, necesitas usar números. Intenta memorizar los números 0–10 ahora (¡Cuenta de vez en cuando durante el día!) y en posteriores capítulos se irán introduciendo más.

0	1	2	3	4	5
(ziro)	*(wUn)*	*(tu)*	*(θri)*	*(for)*	*(fayv)*
zero	one	two	three	four	five

6	7	8	9	10
(siks)	*(sEvEn)*	*(eyt)*	*(nayn)*	*(tEn)*
six	seven	eight	nine	ten

Escribe las respuestas a estos problemas aritméticos básicos en palabras.

1. three + one = _____
2. six + four = _____
3. two + three = _____
4. eight – five = _____
5. nine – eight = _____
6. ten – three = _____
7. four x two = _____
8. three x three = _____

CUENTO

(æn ænd hr frEnd juli ar In a rEstrant)
Ann and her friend Julie are in a restaurant.
　　　y　su　　　　　están en un restaurante

(Iz itIng)　　(U chiz sændwIch)　　(hæz)
Ann is eating a cheese sandwich. Julie has
está comiendo　　　　　　　　　　　tiene

(tu chiz sændwIchz)　(jæk Entrz thU rEstrant)
two cheese sandwiches. Jack enters the restaurant.
dos

(IntrodusEz)　(tu)
Ann introduces Jack to
introduce a　　a

Julie. "Nice to meet you, Julie", Jack says. Then Ann
　　　Mucho gusto　　　　　　　dice　luego

(æsks)　(If hi Iz hUngri)
asks Jack if he is hungry.
le pregunta a si él tiene hambre

(yEs aym hUngri)
"Yes, I'm hungry!" he says.
　sí

(gIvz hIm wUn)
Julie gives him one sandwich.
le da (a él) un

(θænk yu) (wUt lUk)
"Thank you. How lucky!"
　　gracias

(rispandz)　　　(vEri hæpi)
responds Jack.　He is very happy.
responde　　　　está muy

Todas las frases a continuacion son falsas. Cambia cada una para hacerla cierta.

1. Anne and her friend are eating in a car.
   _____

2. Julie has three sandwiches. _____

3. Jack leaves the restaurant. _____

4. Jack is sad. _____

ENFOQUE DE VERBOS

(tu bi)
to be
ser/estar

(wi ar hæapi)
We are happy.
Estamos contentos.

(yu ar)
You are happy.
Estás contento.

(shi Iz)
She is happy.
Está contenta.

(they ar)
They are happy.
Están contentos.

(ay æm sæd)
I am sad.
Estoy triste.

You are sad.
Están tristes.

(hi Iz)
He is sad.
Está triste.

15

CAPÍTULO 3

(Ek<u>skyuz</u> mi)
Excuse me!
¡Perdón!

Si viajas al extranjero, habrá muchas oportunidades para iniciar una conversación con los hablantes nativos del idioma. ¡No seas tímido! Por supuesto, algunas personas tendrán prisa o no querrán hablarte. Sin embargo, a mucha gente le interesará conocer al viajero. Para prepararte, querrás aprender unas preguntas básicas y respuestas apropiadas, además de otras expresiones útiles.

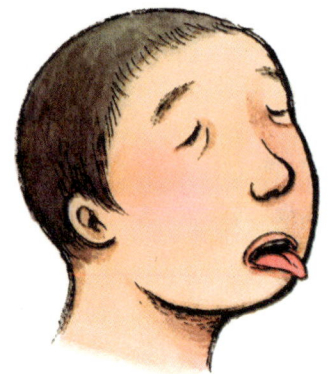

(aym θrsti)
I'm thirsty.
Tengo sed.

(aym <u>sli</u>pi)
I'm sleepy.
Tengo sueño.

(thæts o<u>key</u>)
That's okay.
Está bien.

VOCABULARIO

(yEs)	*(frUm)*	*(weyr)*	*(thU steyt)*	*(thU kUntri)*
yes	from	where?	the state	the country
sí	*de, desde*	*¿dónde?*	*el estado*	*el país*

(may neym Iz)	*(hir)*	*(spiks)*	*(U lItl)*	*(datr)*	*(sUn)*
my name is	here	speaks	a little	daughter	son
me llamo	*aquí*	*habla*	*un poco*	*la hija*	*el hijo*

EXPRESIONES ÚTILES

Aquí tienes algunos recursos para expresar sí o no.

(yEs)
YES!
¡Sí!

(no)
NO!
¡No!

(srtnli)
Certainly!
¡Claro!

(shr)
Sure!
¡Seguro!

(Uv cors nat)
Of course not!
¡Claro que no!

(Uv cors)
Of course!
¡Por supuesto!

(an thU cantrEri)
On the contrary!
¡Al contrario!

DIÁLOGO

A veces, tropezar con alguien por accidente puede resultar en introducciones y aun amistades. Lee lo que dicen Mauricio y Judy después de encontrarse en un portal.

(judi dUnkn) *(keyti)*
Mauricio Rodríguez: un hombre **Judy Duncan:** una mujer **Esteban:** un niño **Katie:** una niña

1

Mauricio:	Excuse me!	**Judy:**	That's OK.

2

(UmErIkn)
Mauricio:	Are you American?	**Judy:**	Yes! Where are you from?

Mauricio: I'm from Quito, Ecuador. My name is Mauricio Rodríguez. And you? What is your name?

(nays tu mit yu)
Judy: My name is Judy Duncan. Nice to meet you.
Mucho gusto.

Mauricio: Nice to meet you too.
Igualmente.

3

(thIs Iz may datr)
Judy: This is my daughter, Katie.
Ésta es mi hija

(hay)   (haw old) *(yirz)*
Mauricio: Hi, Katie. How old are you?   **Katie:** I'm 8 years old.
hola   ¿Cuántos años tienes? *Tengo 8 años.*

4

(may sUn) *(InglIsh)*
Mauricio: This is my son, Esteban. He speaks a little English.

(hElow)   (haw old)
Katie: Hello, Esteban. How old are you?
hola   ¿Cuántos años tienes?

5

Esteban: I'm 5 and I'm hungry and I'm thirsty and I'm sleepy.

PRÁCTICA

Estudia el diálogo. Después, escribe la pregunta que falta (la respuesta se te da).

1. _____ ?   I'm 10 years old.

2. _____ ?   I'm from New York.

3. _____ ?   My name is Katie.

4. _____ ?   Yes, I'm American.

ENFOQUE

El hacer preguntas en inglés

A. El método más fácil de formar una pregunta en inglés consiste en subir la entonación de la voz.

You are from the United States?   And you?

B. El método más común es poner un verbo irregular antes del sujeto, con o sin palabra interrogativa. Sólo se puede hacer esto <u>con ciertos verbos especiales</u>, o "irregulares". *"To be"* es uno de estos verbos.

Are they English?   Where are you from?

What is your name?   How old is he?

Si el verbo en la frase es un verbo normal o *"regular"*, no se puede poner antes del sujeto. En este caso la forma apropiada del verbo irregular *"to do"* se coloca antes del verbo; este proceso <u>no afecta al significado de la frase</u>. El verbo *"to do"* tiene dos formas, *"do"* (du) y *"does"* (dUz). *"Does"* se usa con sujetos de tercera persona singular (he, she, it); otros sujetos usan *"do"*.

Do you eat meat?   Do they take the bus to work?
   ¿Toman el autobús para ir al trabajo?

Does John want to have lunch?   Do we need stamps?
¿Quiere John almorzar?   *¿Necesitamos estampillas?*

PRÁCTICA

Ahora intenta construir algunas preguntas. Escribe una pregunta usando el método indicado (A o B), poniendo las palabras en el orden correcto.

Ej: English /speak/you   (A) <u>You speak English?</u>

1. are/they/American   (B) _____ ?

2. hungry/you/are   (A) _____ ?

3. are/hungry/you   (B) _____ ?

4. are/from/where/you   (B) _____ ?

5. you/do/eat/seafood   (B) _____ ?
   los mariscos
6. he/how old/is   (B) _____ ?

CONJUGACIONES VERBALES

TO BE

formas contraídas: estas formas son <u>muy</u> comunes

I'm	(aym)	I + am
you're	(yur)	you + are
he's	(hiz)	he + is
she's	(shiz)	she + is
it's	(Its)	it + is
we're	(wir)	we + are
they're	(thEr)	they + are

Aquí ves otras expresiones útiles con el verbo "to be":

I'm eager to…
Tengo muchas ganas de…

I'm afraid of spiders.
Tengo miedo de las arañas.

I'm sleepy.
Tengo sueño.

You're lucky.
Tienes suerte.

They're right.
Ellos tienen razón.

He's wrong.
Él no tiene razón.

Ojo: Fíjate en que muchas expresiones que en español se dicen con {"tener" + sustantivo} en inglés se expresan con {"to be" + adjetivo}: Tengo sed = *I am thirsty*. Nota también que en inglés se usa *"to be"* para decir la edad: *"I am 50 years old"* en vez de *"I have 50 years"*.

TO SPEAK

hablar

I/ you/ we/ they	speak	(spik)
he/ she/ it	speaks	(spiks)

TO HAVE

tener

I/ you/ we/ they	have	(hæv)
he/ she/ it	has	(hæz)

CAPÍTULO 4

(haw mUch Iz It)
How much is it?
¿Cuánto cuesta?

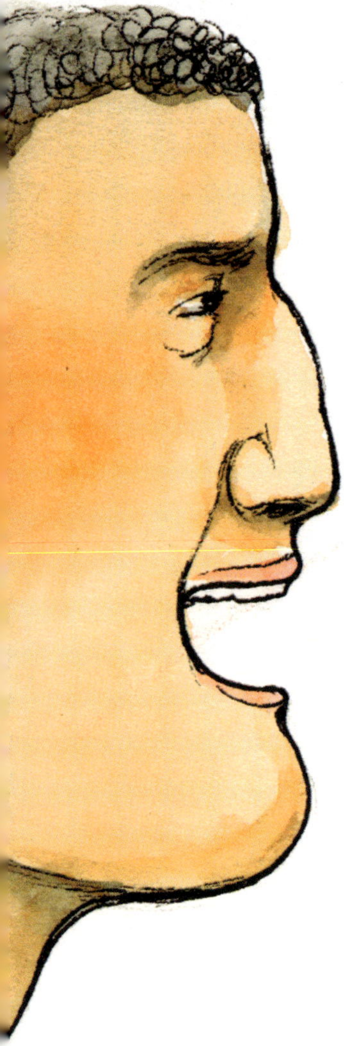

VOCABULARIO

(wUt)
What?
¿Qué?

(bUt)
but
pero

(sloli)
slowly
lentamente

(hir yu go)
Here you go
aquí lo(s) tiene

(haw mUch Iz It)
How much is it?
¿Cuánto cuesta?

(okey)
OK!
¡Bien!

VERBOS

(tu want)
to want
querer

(tu Undrstænd)
to understand
comprender

(wud layk)
would like
quisiera, etc.

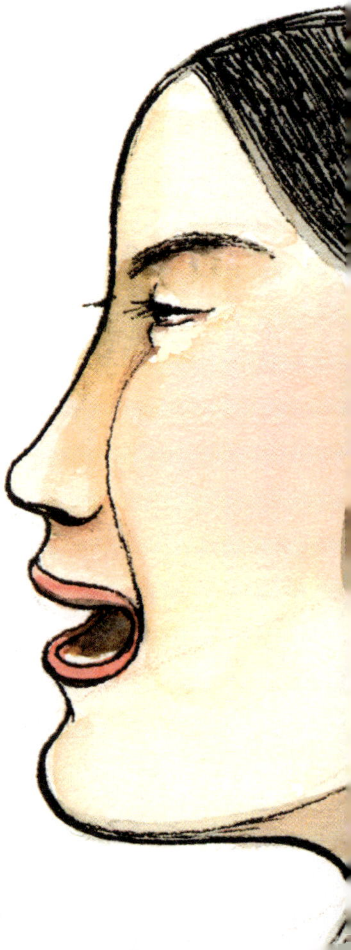

ENFOQUE

La Negación

Es fácil construir frases negativas en inglés. La palabra *"not"* (o la versión contraída *"n't"*) se coloca directamente después del verbo conjugado. Pero no se puede poner después de verbos regulares; *"not"* y *"n't"* sólo pueden seguir a un verbo irregular, como *"to do"* o *"to be"*. Los mismos verbos que pueden ocurrir antes del sujeto para hacer preguntas en inglés pueden negarse directamente. Aquí tienes unos ejemplos:

(dont)
I don't understand.
No comprendo / entiendo.

(goIng) (tudey)
We are not going to the bakery today.
No vamos a la panadería hoy.

(nat)
I do not eat meat.
No como carne.

(bab Iznt)
Bob isn't here.
Bob no está.

Títulos de cortesía:

Estas palabras son útiles al dirigirse a personas desconocidas o en situaciones formales:

Sin saber el apellido de una persona, puedes usar estas formas:

(sr)
Sir
Señor

(mæm)
Ma'am*
Señora

(mIs)
Miss
Señorita

*OJO: En Inglaterra (y otros lugares que eran colonias inglesas) se suele usar *"Madam"* (mædUm) o en unas regiones *"Mum"* (mUm).

Con un apellido específico, las formas a continuación se usan, por ejemplo en *"Mr. Jones"*, *"Miss Taylor"* o *"Mrs. Klein"*:

(mIstr)
Mister/Mr.
Sr.

(mIsIz)
Mrs.
Sra.

Miss
Srta.

¡Sé educado!

(thænk yu vEri mUch)
Thank you very much.
Muchas gracias.

No, thank you.
No, gracias.

(gud bay)
Goodbye!
¡Adiós!

(yUr wElkUm)
You're welcome.
De nada.

Yes, please.
Sí, por favor.

(dont mEnshUn It)
Don't mention it.
No hay de qué.

(pliz)
Please
Por favor

DIÁLOGO

It is 10:00 in the morning.

(jænEt) (siætl)
Janet and Rafael are in Seattle.

(UmErIkn)
Janet is American.
estadounidense

(vEnEswelUn)
Rafael is Venezuelan but he speaks a

(bekUri)
little English. They are in a bakery.
panaderia

Clerk: Good morning.

Janet: Good morning.

Rafael: Good morning, Ma'am.

Clerk: What would you like?

        (lof Uv wit brEd)
Janet: I would like a loaf of wheat bread, please.
        un pan integral

Clerk: And you, Sir? What would you like?

Rafael: I don't understand. Speak slowly, please.

Clerk: OK. What would you like?

      (chaklIt donUts)
Rafael: I would like two chocolate donuts, please.
      rosquillas de chocolate

Clerk: There you go.

Janet: Do you have mineral water? *(mInrUl wadr)*
agua mineral

Clerk: Certainly, Miss. There you go.

Janet: Thank you, Ma'am. How much is it?

Clerk: Three dollars, please. *(dalUrz)*

Janet: Here are three dollars.

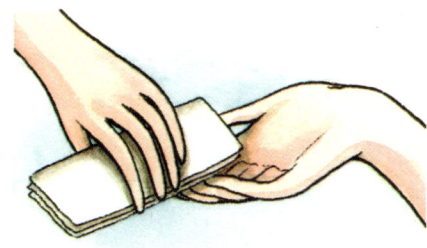

Clerk: Thank you, Miss.

Janet: Thank you. Goodbye.

Clerk: Goodbye.

¿Comprendes?

Lee el diálogo previo cuidadosamente e intenta contestar estas preguntas. Verifica tus respuestas en el fin del manual.

1. ¿Quién es estadounidense en este diálogo? _____
2. ¿Por qué no entiende Rafael? _____
3. ¿Qué quiere comprar Rafael? _____
4. ¿Quién pide agua mineral? _____
5. ¿Dónde tiene lugar esta escena? _____

LOS NÚMEROS 11 - 22

11	12	13	14	15	16
(il__Ev__En) eleven	(twElv) twelve	(th__Ur__ttin) thirteen	(forttin) fourteen	(f__I__ftin) fifteen	(sIkstin) sixteen

17	18	19	20	21	22
(s__Ev__Entin) seventeen	(e__y__ttin) eighteen	(na__y__ntin) nineteen	(twEnti) twenty	(twEnti wUn) twenty-one	(twEnti tu) twenty-two

HOW CAN I HELP YOU?

¿Cómo le puedo servir?

La expresión *"I would like"* usa *"would"* para formar el condicional de *"to like"* y se traduce como "yo quisiera" o "me gustaría". Se usa a menudo, pero por supuesto siempre es buena idea decir también "por favor" – *"please"* – al principio o al fin de una frase.

En el ejercicio a continuación, escribe los números en palabras, para practicar. Puedes repasar los números de 1 a 10 en el capítulo 2. Lee los números en voz alta al escribirlos. Luego, repite cada frase con *"please"* al fin. Por ejemplo:
"I would like two chocolate donuts, please."

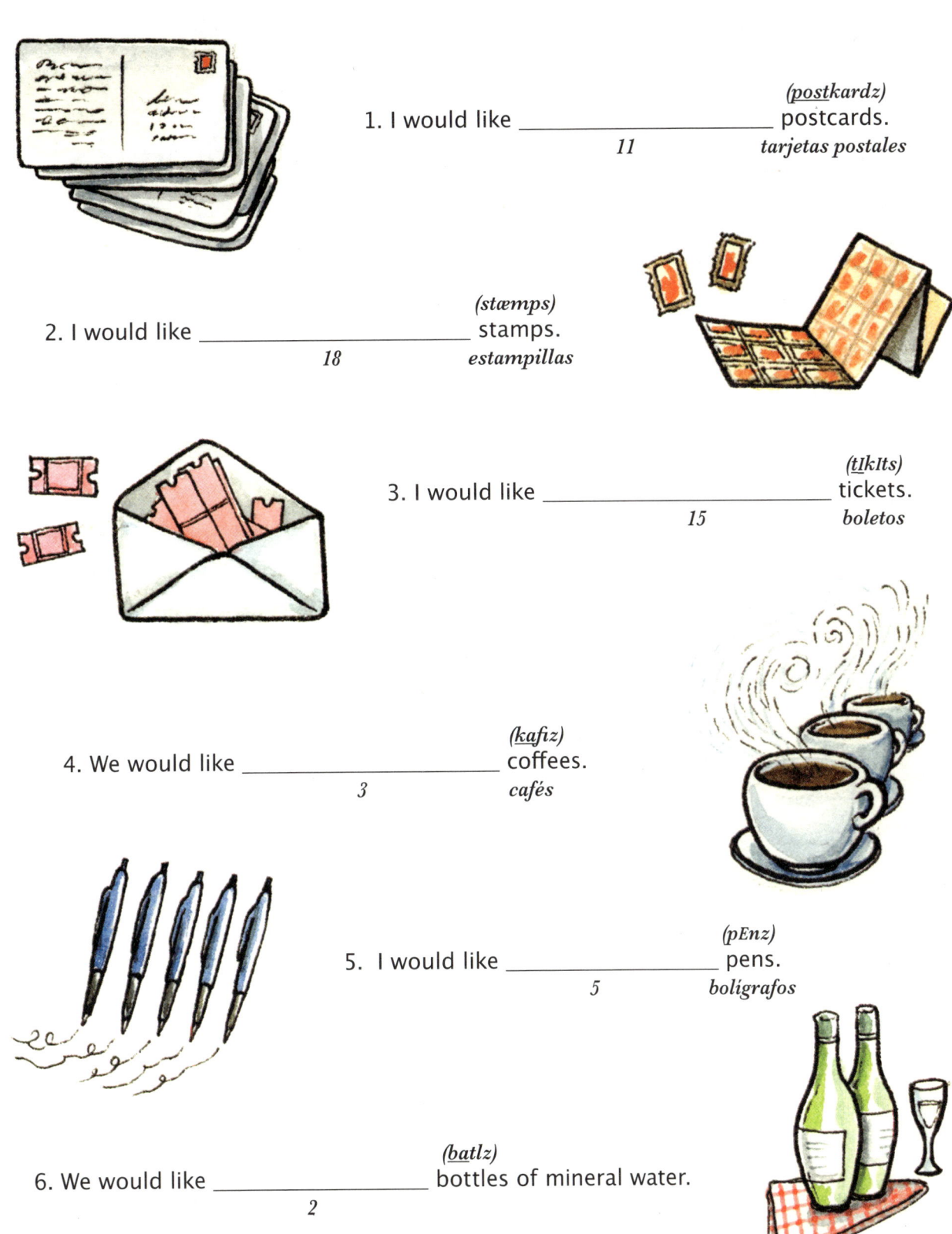

1. I would like _____ postcards. *(postkardz)*
   11 *tarjetas postales*

2. I would like _____ stamps. *(stæmps)*
   18 *estampillas*

3. I would like _____ tickets. *(tIkIts)*
   15 *boletos*

4. We would like _____ coffees. *(kafIz)*
   3 *cafés*

5. I would like _____ pens. *(pEnz)*
   5 *bolígrafos*

6. We would like _____ bottles of mineral water. *(batlz)*
   2

CAPÍTULO 5

What day is it?
¿Qué día es?

(bord)
to be bored
estar aburrido

(tu bi kwIk tEmprd)
to be quick-tempered
ser colérico

VOCABULARIO

(fUni)
funny
graciosa

(bIznEswumn)
businesswoman
mujer de negocios

(kUmpyudr progræmr)
computer programmer
programador

(nays)
nice
simpático, amable

(wUrk)
work, job
*el trabajo,
el puesto de trabajo*

house
casa

(kar)
car
coche

(ayz)
eyes
ojos

(star)
star
estrella

ENFOQUE: LOS VERBOS

TO LIKE
(tu layk)
apreciar/tener gusto a

| I/ you/ we/ they | like | *(layk)* |
| he/ she/ it | likes | *(layks)* |

TO LIVE
(tu lIv)
vivir

| I/ you/ we/ they | live | *(lIv)* |
| he/ she/ it | lives | *(lIvz)* |

"To live" y *"to like"* son dos ejemplos de verbos infinitivos "regulares" en inglés. El verbo expresa la acción en una frase; nos dice lo que pasa. La forma básica del verbo, su "nombre", no concuerda con ningún sujeto en particular. Esta forma básica se llama el "infinitivo". En español, el infinitivo se identifica con una vocal y una "r" al final, como en "vivir". En inglés, el infinitivo de un verbo suele identificarse con la palabra *"to"* antes de la forma base del verbo.

Todos los verbos "regulares" tienen las mismas terminaciones en sus formas conjugadas. Las formas "conjugadas" son las formas que concuerdan con sujetos particulares; es fácil conjugar un verbo regular en inglés porque suelen tener sólo dos formas en el presente. La forma base (por ejemplo, *"eat"*) sirve también como forma conjugada con los sujetos *"I"*, *"you"*, *"we"* y *"they"*. Se añade "-s" o "-es" a esta forma para la forma conjugada de las terceras personas: *"he"*, *"she"* y *"it"*, por ejemplo en *"She eats"*.*

Todos los verbos que comparten el mismo grupo de terminaciones predecibles se consideran "regulares". Como sabes, hay otros verbos especiales en inglés que son "irregulares". Éstos incluyen *"to be"* y la versión del verbo *"to do"* que no tiene significado propio. (En capítulos previos aprendiste un poco del papel importante que desempeñan estos verbos especiales en negar frases y hacer preguntas.) Es muy útil saber conjugar verbos, pero si no usas la forma correcta, ¡no te preocupes! Es muy probable que la gente te vaya a entender. Por ejemplo, si dices *"I is happy"*, se va a entender bien que tú estás alegre. ¡Lo más importante es comunicarte con los demás!

* La variación escrita "-es" se usa cuando el verbo termina en uno de estos sonidos: (sh), (ch), (j), (s), (z). Consulta el Capítulo 7 para más información sobre la pronunciación de la "s" / "es" finales.

CUENTO

(danld ænd suzn lɪv ɪn U bɪg blu ænd pink haus)
Donald and Susan live in a big blue and pink house.
               viven en una casa grande azul y rosada

                                 (U lɪtl gardn wɪθ rEd ænd yElo flawurz)
                 They have a little garden with red and yellow flowers.
                        un jardín pequeño con flores rojas y amarillas

        (kUmpyudr prograemr)   *(yirz old)*   *(grin ayz)*
Donald is a computer programmer. He is 25 years old and has green eyes.
       es programador   *tiene 25 años*   *ojos verdes*

(In jEnrUl)   *(vEri nays)*   *(sUmtaymz kwɪk tEmprd)*
In general he's very nice, but he is sometimes quick-tempered.
                            a veces

    (bIznEswumn)
Susan is a businesswoman.

                   (braun)   *(fUni)*
She is 26 years old and has brown eyes. She is funny.
                ojos castaños

(for boθ Uv thEm It wUz lUv æt furst sayt)
For both of them, it was love at first sight.
para los dos   *fue*

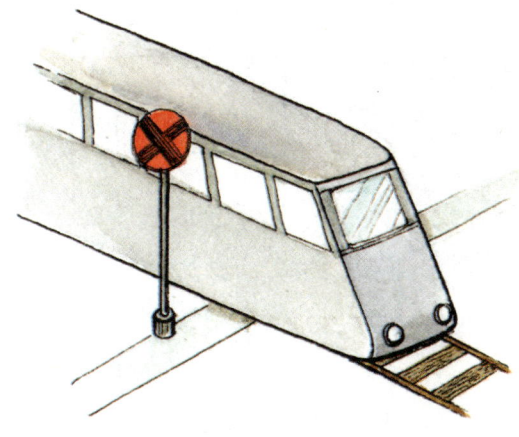

(<u>su</u>znz wUrk)   (<u>v</u>Eri Int<u>U</u>rEsting)
Susan's work is very interesting.
el trabajo de Susan

(shi layks hUr wUrk U lat)
She likes her work a lot.
A ella le gusta mucho su trabajo

(d<u>U</u>znt layk hIz wUrk)   (bord)
Donald doesn't like his work. He is bored.
A Donald no le gusta su trabajo   Está aburrido

(b<u>I</u>zee)
Both are very busy.
Los dos están muy ocupados

(Evri m<u>U</u>ndey)   (goz tu sæn diEgo bay treyn)
Every Monday, Susan goes to San Diego by train.
Todos los lunes, Susan va a San Diego por tren

(wEnzdey)
Every Wednesday, Donald goes to Los Angeles by car.
todos los miércoles

(fraydey)   (tugEthr)
But every Friday, Donald and Susan eat together in a restaurant
todos los viernes   *juntos*

(naymd thU rEd star)
named "The Red Star".
que se llama "La Estrella Roja"

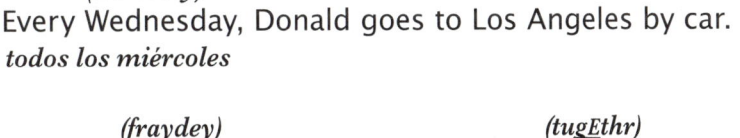

PRÁCTICA

Termina las frases a continuación. Usa el vocabulario y el diálogo para ayudarte.

1. Donald and Susan live in a big blue and pink _____.

2. Donald is 45 _____.

3. In general Donald is very _____.

4. Susan is _____.

5. Donald doesn't like his _____.

6. Susan goes to Paris by _____.

7. Donald goes to Los Angeles by _____.

(wayt) white
(blu) blue
(grEy) gray
(brown) braun
(blæk) black
(orInj) orange
(yElo) yellow
(grin) green
(pink) pink
(rEd) red

COLORES

Estudia las palabras arriba. Entonces, cubre el dibujo y las palabras y ve cuantos colores puedes recordar. Escribe los nombres ingleses de los colores mencionados.

Hacia abajo

1. amarillo
2. azul
3. rosado
4. rojo
5. marron
6. gris

A través de

3. morado
6. verde
7. blanco
8. anaranjado

32

En español, algunos días de la semana toman sus nombres de la mitología romana. Por ejemplo, "Viernes" es "el día de Venus" mientras que "miércoles" es "el día de Mercurio" y "martes" es "el día de Marte". En inglés, por otro lado algunos, de los días de la semana tienen nombres relacionados con la mitología nórdica; *"Wednesday"* es *"Woden's day"* mientras que *"Thursday"* es *"Thor's day"* y *"Friday"* es *"Friggen's day"*.

(sUndey)	(mUndey)	(tuzdey)	(wEnzdey)	(θUrzdey)	(fraydey)	(sætUrdey)
Sunday	Monday	Tuesday	Wednesday	Thursday	Friday	Saturday
domingo	*lunes*	*martes*	*miércoles*	*jueves*	*viernes*	*sábado*

En un calendario, notarás que el domingo, *"Sunday"*, se considera el primer día de la semana, en vez del lunes, que aparece como el segundo día de la semana. *"Sunday"* es una excepción a los nombres de raíz nórdica que tiene la mayoría de los días; toma su nombre del sol, *"the sun"*.

Encuentra las palabras escondidas en el buscapalabras (la sopa de letras). Identifícalas con un círculo.

l	w	p	v	y	j	p	k	u	t	n	j	u	s	s
y	e	n	j	o	a	i	x	h	t	u	t	p	f	f
k	d	f	t	p	l	d	u	t	p	c	b	s	b	p
d	n	c	p	p	s	r	s	v	b	e	d	j	m	h
d	e	t	q	f	s	y	i	e	j	i	l	x	z	q
o	s	r	n	d	m	a	p	d	u	x	n	m	y	h
b	d	w	a	t	f	d	q	e	y	t	t	r	k	s
b	a	y	l	a	i	n	c	v	s	a	e	g	l	p
p	y	z	l	h	o	u	a	w	d	u	b	x	h	j
x	u	t	d	t	f	s	t	n	j	j	m	w	p	d
y	f	m	w	w	l	g	o	s	g	t	e	n	d	k
o	j	y	k	r	e	m	h	d	d	x	y	v	m	u
w	t	a	s	v	w	c	d	s	h	z	j	s	i	
b	w	i	n	l	x	w	d	g	q	g	j	t	y	g
y	a	d	r	u	t	a	s	f	r	i	d	a	y	x

PRÁCTICA

Coloca ***the days of the week*** en el orden correcto escribiendo un número de 1 a 7 delante de cada día.

_____ Wednesday   _____ Sunday   _____ Tuesday   _____ Friday

_____ Monday   _____ Saturday   _____ Thursday

CAPÍTULO 6

(far)
Is it far?
¿Está lejos?

Entender direcciones en otro idioma es particularmente difícil, ¡pero no imposible! Por supuesto es útil tener a *map* (mapa) para que puedas mirar los nombres de las calles mientras que la persona a quien le pides direcciones las indica. No tienes que entender todas las *words* (palabras).

(klozd)
closed
cerrado

(go)
go
vaya (ve)

(opn)
open
abierto

(strit)
street
calle

(go up)
go up
suba (sube)

(cras)
cross
cruce (cruza)

Escucha el verbo. Generalmente, el verbo será la primera palabra que oyes por tratarse de un mandato: Camine, Tome, Vaya, Vire, Suba, Baje, Cruce.

Escucha las palabras que indican dirección: derecha, izquierda, derecho, al lado de, al otro lado de, frente a

Escucha los nombres de las calles. Éstos son los más difíciles de entender. (puedes aprender verbos y direcciones de antemano, pero los nombres de personas y lugares son más difíciles por la diferencia de pronunciación entre el español y el inglés).

Repite lo que comprendes para verificar que lo entiendes correctamente y para ayudarte a recordarlo.

(trn)
turn
vire (vira)
gire (gira)

(far frUm)
far (from)
lejos (de)

(go daun)
go down
baje (baja)

(brIj)
bridge
puente

DIRECCIONES

Expresiones que indican dirección

(an thi Uthr sayd Uv)
on the other side (of)
al otro lado (de)

(nEkst tu)
next to
al lado de

(fesing)
facing
frente a

(lEft)
to the left
a la izquierda

(streyt UhEd)
straight (ahead)
derecho

(rayt)
to the right
a la derecha

¡Es muy fácil usar mandatos en inglés! Hay solamente una forma que se usa para cualquier mandato de segunda persona: es la forma base del verbo, sin la palabra *"to"*. Por ejemplo, la forma imperativa de *"to eat"* es *"eat"*. Aquí tienes atros ejemplos:

walk	*(wak)*	camine	*(camina)*
take	*(teyk)*	tome	*(toma)*
go	*(go)*	vaya	*(ve)*
turn	*(trn)*	vire	*(vira)*
go up	*(go up)*	suba	*(sube)*
go down	*(go daun)*	baje	*(baja)*
cross	*(cras)*	cruce	*(cruza)*

LOS NÚMEROS ORDINALES

Necesitarás reconocer los números ordinales cuando alguien te dé direcciones (por ejemplo, para entender en que calle debes virar). Estos números también son necesarios para decir o comprender en que *floor* (piso) está tu habitación en un hotel, o qué *floor* (piso) quieres en un *department store*.

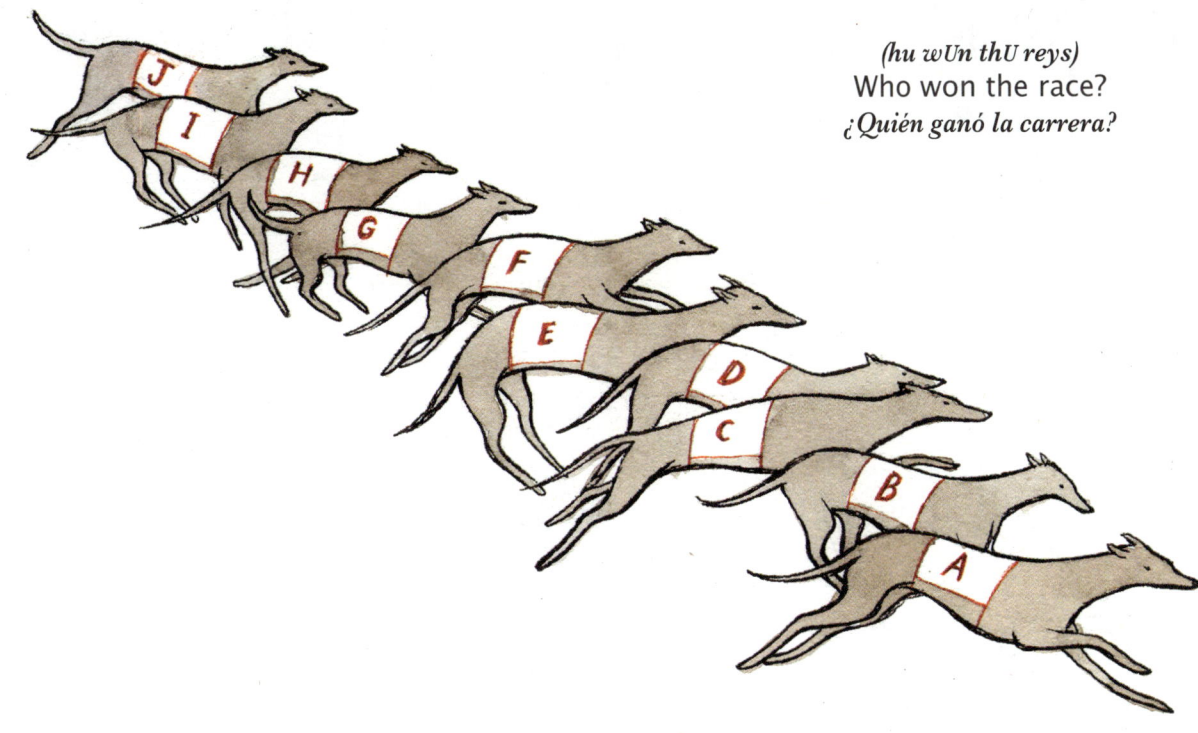

(hu wUn thU reys)
Who won the race?
¿Quién ganó la carrera?

Usando los números a la derecha, completa los espacios en blanco para ayudar al locutor a alistar al ganador y a los primeros nueve corredores que terminan después. Lee cada número en voz alta al escribirlo.

A es _____	F es _____	*(nayn θ)* ninth 9th	*(sEvEn θ)* seventh 7th
B es _____	G es _____	*(for θ)* fourth 4th	*(eyt θ)* eighth 8th
C es _____	H es _____	*(fUrst)* first 1st	*(tEn θ)* tenth 10th
D es _____	I es _____	*(sIks θ)* sixth 6th	*(sEknd)* second 2nd
E es _____	J es _____	*(fIf θ)* fifth 5th	*(θrd)* third 3rd

DIÁLOGO

Ed y Sharon están enfrente de un hotel, hablando.

Ed: Where are you going today? *(going tudey)*
¿Adónde vas hoy?

Sharon: I'm going to the cinema. *(sInUmU)*
Voy al cine.

Ed: But today is Monday. The cinema is closed. *(klozd)*

Sharon: Yes, that's right. Never mind! Where are you going?

Ed: First I'm going to the bank. After that, I'm going to the park, and then I'm going shopping at a department store. Do you want to go with me?
(frst) (bænk) (æftr) (park) (thEn) (shaping) (dipartmnt stor) (wIθ mi)
primero   después   entonces voy de   compras   almacenes   conmigo

Sharon: No thanks. I don't want to go shopping today. I think I would like to go to an art museum.
pienso que me gustaría   un

Ed: You can go to the Contemporary Art Museum today. It's open on Mondays.
(kæn) (kUntEmpUreri art myuziUm) (opn) (an)
puedes   Museo de Arte Contemporánea   Está abierto los lunes

Sharon: Great! Where is the Contemporary Art Museum? Is it far?
(greyt)   ¡Estupendo!

Ed: No, not very far. It takes about 25 minutes on foot.
(teyks) (Ubawt) (mInIts) (an fut)   a pie

Sharon: Wow! That's pretty far… Well, that's OK. It's a good day to go for a walk.
(wow) (thæts prIti far) (wEl)
¡Ay! Está bastante lejos…   pues   Es buen día para dar un paseo

Ed: You're right. Let's see… just go straight and take the first street to the left.
(lEts si) (jUst go streyt) (strit) (lEft)
a ver…   sólo

That's West Alabama Street. Keep going on West Alabama until you get to Montrose Boulevard. Then turn right.
(wEst ælUbæmU) (kip) (UntIl) (gEt) (mantros) (bulEvard) (trn rayt)
sigue por   hasta llegar a

Sharon: Left on West Alabama, right on Montrose.

Ed: Go down Montrose until you get to the bridge. Cross the bridge and immediately turn left. You'll see the museum on the right.
(go daun) (brIj) (kras) (ImidyUtli)

Sharon: Thanks, Ed. See you later!   **Ed:** See you later! Have a good walk.

¿Comprendes?

Answer (contesta) *"yes"* or *"no"*.

1. Is the cinema closed on Monday? _____
2. Is the Contemporary Art Museum open on Monday? _____
3. Does Sharon want to go shopping today? _____
4. Is it far to the Contemporary Art Museum? _____

CAPÍTULO 7

(wIch sizUn du yu prifUr)
Which season do you prefer?
¿Qué estación prefieres?

(In Uthr wUrds)
in other words
en otras palabras

(mi tu)
Me too!
¡Yo también! / ¡A mí también!

(in may UpInyUn)
in my opinion
en mi opinión

Las estaciones del año

(thU sizUnz Uv thU yir)
The seasons of the year.

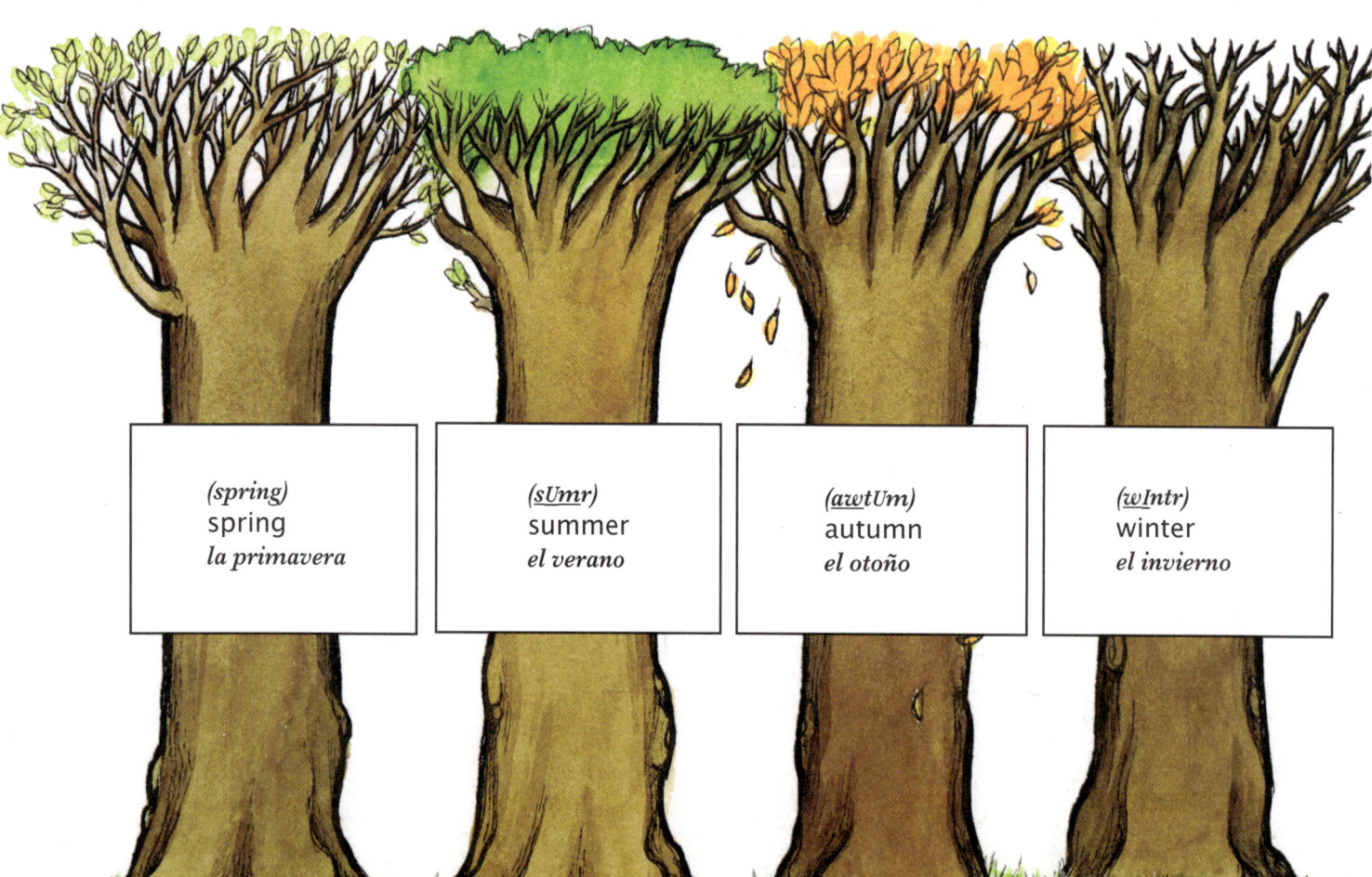

(spring)
spring
la primavera

(sUmr)
summer
el verano

(awtUm)
autumn
el otoño

(wIntr)
winter
el invierno

Los meses del año

(mon θs)
The months of the year.

A diferencia de las estaciones, todos los meses tienen nombres ingleses que son semejantes a sus nombres españoles. En inglés, los nombres de los meses y también los días de la semana se escriben con letra mayúscula.

(jænyueri)
January

(fEbyueri)
February

(march)
March

(eyprIl)
April

(mey)
May

(juwn)
June

(jUlay)
July

(agUst)
August

(sEptEmbr)
September

(aktobr)
October

(novEmbr)
November

(dIsEmbr)
December

(thU fæmUli)
THE FAMILY

Mira los dibujos y lee las frases debajo de cada uno. ¿Puedes descifrar the *meaning*? Escribe lo que piensas que significan las frases en los espacios en blanco. Usa el vocabulario y los modismos de arriba para ayudarte a *understand* el cuento que sigue a los dibujos.

(mUthr)	*(fathr)*	*(sIstr)*	*(brUthr)*
mother	father	sister	brother
la madre	*el padre*	*la hermana*	*el hermano*

The mother is at the beach in the summer.

1. _____

The father is in the mountains in the winter.

2. _____

The brother is going for a walk in the autumn.

3. _____

The sisters are looking at the flowers in the spring.

4. _____

My name is Irene Hansen. I'm 20 years old. I have a very *interesting* family. We are all
(ayriyn hænsUn) *(IntUrEsting)*
                                                                                          todos

very *different*. When we take vacations, my mother *always* wants to go to the beach, but
(dIfrEnt) *(alwEz)*
                                 siempre

my father likes the *mountains*. In other words, my mother likes to take *our* vacation in
(mawntnz) *(aur)*
                                                                                          nuestra

the summer, *especially* in August. My father *prefers* the winter. He likes to ski in
(EspEshUli) *(prifUrz)*
                                                                          esquiar

December or January. My brother, Scott, who is 17, likes to go for a walk in the *forest*.
(forEst)
                                                                                          el bosque

He likes the colors of autumn (orange, red, yellow, brown). *So* he prefers to take our
                                                                         por eso

vacation in September or October. My little sister, Janine, who is 15 years old, likes the

spring. Me too! Janine and I love all the *beautiful* flowers. *However*, my sister doesn't
(byutiful) *(hawevur)*
                                 bellas   sin embargo

like to *travel*. In my opinion, March, April, and May are the *best* months to travel. When
(trævl) *(bEst)*
viajar   mejor(es)

do we take our vacation? All year long! We go for a walk every Saturday in September.
                      ¡Todo el año!

From time to time we also go for a walk in the winter and spring. Of course we ski on

many *weekends* in December, January and February. In June, July, and August we *often*
(wikEnd) *(awfn)*
fines de semana   a menudo

go to the beach.   We also *stay home* a lot.   *Everyone* is happy.
                         (stey hom)   *(EvriwUn)*
           También nos quedamos en casa mucho   todos

43

PRÁCTICA

A. Traduce las frases a continuación al español.

1. My father prefers the winter. _____.

2. My brother, Scott, who is 17, likes to go for a walk in the forest.
   _____.

3. When do we take our vacation?
   _____.

4. From time to time we also go for a walk in the winter and spring.
   _____.

B. Ahora intenta traducir estas frases al inglés.

1. Tengo veinte años. _____.

2. Él le gustan los colores del otoño (anaranjado, rojo, amarillo, marrón).
   _____.

3. ¡A mí también! A Janine y a mí nos encantan las flores bonitas.
   _____.

4. En junio, julio, y agosto a menudo vamos a la playa.
   _____.

ENFOQUE
Los sustantivos

El uso de sustantivos en inglés es fácil. Los sustantivos ingleses no tienen ningún "género" gramatical. En cuanto a los artículos, son también muy fáciles de usar. En vez de el, la, los y las (los artículos definidos) se usa la palabra *"the"* ((thʊ) o (thi)). Fíjate en estos ejemplos:

Do you have the present for Suzanne?
¿Tienes el regalo para Suzanne?

I'll send the letter this afternoon.
Mando la carta esta tarde.

The girls are in the garage.
Las chicas están en la cochera.

All the hotels here are very expensive.
Todos los hoteles aquí son muy caros.

Para traducir los artículos <u>indefinidos</u> un y una, se usa *"a"* ((ʊ) o (ey)) si el sustantivo empieza con una consonante, y *"an"* ((æn) o (ʊn)) si el sustantivo empieza con una vocal:

a street   a woman   an afternoon   an art museum

FEMININE

MASCULINE

Los artículos indefinidos plurales "unos" y "unas" normalmente son equivalentes a *"some" (sUm)*

I have some friends from Mexico.
Tengo unos amigos de México.

Mom is going to make us some sandwiches.
Mamá va a hacernos unos sandwiches.

There are some good stores around here.
Hay unas tiendas buenas por aquí.

C. Escribe el artículo apropiado (Definido o Indefinido).

1. _____ sister
2. _____ afternoon
3. _____ families
4. _____ cheese
5. _____ car

6. _____ man
7. _____ morning
8. _____ seasons
9. _____ museums
10. _____ street

CAPÍTULO 8

(thIs Iz may fæmUli)
This is my family.
Ésta es mi familia.

Es muy posible que, si haces an English-speaking friend, te introduzca a algunos miembros de su familia eventualmente. No sólo es importante poder comprender estas palabras que muestran relaciones familiares, sino que también es útil poder introducir a y hablar de los miembros de tu family. Estudia los modismos y vocablos y lee las palabras en voz alta.

(hæt) hat — *el sombrero*
(tal) tall — *alto*
(short) short — *corto*
(heyr) hair — *el pelo*
(lang) long — *largo*
short — *bajo*
(hUzbnd) husband — *el esposo*
(wayf) wife — *la esposa*

ENFOQUE

HOMBRES

father	(f*a*thr)	padre	grandson	(gr*æ*ndsUn)	nieto
grandfather	(gr*æ*ndfathr)	abuelo	uncle	(Unkl)	tío
father-in-law	(f*a*thr In law)	suegro	nephew	(nEfyu)	sobrino
brother	(brUthr)	hermano	husband	(hUzbnd)	esposo
son	(sUn)	hijo	parents	(pEyrnts)	padres

MUJERES

mother	(mUthr)	madre	granddaughter	(gr*æ*ndatr)	nieta
grandmother	(gr*æ*ndmUthr)	abuela	aunt*	(ænr)	tía
mother-in-law	(mUthrIn law)	suegra	niece	(niys)	sobrina
sister	(sIstr)	hermana	wife	(wayf)	esposa
daughter	(d*a*tr)	hija			

Otra pronunciación común de esta palabra es (awnt).

CUENTO

(pidr)
Peter has a small family. His mother's name is Sophia. She has short, gray hair and she is

(daynæmIk) (rawn) (weyr)
very dynamic. His father's name is Ron. He is tall and likes to wear hats. Peter doesn't
llevar / usar

(Eni) (pætrIk) (thæt hi lUvz vEri mUch)
have any sisters, but he has one brother, Patrick, that he loves very much. Patrick is very

(mErid) (morgn)
funny and he is married to Morgan, Peter's sister-in-law. She has long, black hair and is
está casado con

(ændria)
beautiful and very nice. They don't have any children. Peter's wife is named Andrea.
No tienen hijos

(hElEn)
She is short, has brown hair, and is very intelligent. Peter's mother-in-law is Helen and

(ælbUrt) (chayld) (nædUli)
her husband is Albert, Peter's father-in-law. They have one child, a daughter named Natalie.
hijo/niño

She is 11 years old and loves her family, especially her grandparents. Natalie is very

(EnUrjEdIk) (rUn) (pley U sport Evridey) (hændsUm)
energetic. In fact, she needs to run or play a sport everyday. And Peter? He is handsome,
correr jugar un deporte todos los días *guapo*

(nat)
but not very intelligent.
no

PRÁCTICA

Completa los espacios en blanco debajo de cada dibujo.
a) Escribe el nombre de la persona.
b) Escribe la relación que tiene la persona con Pedro.
   (Incluye el artículo definido –the– antes de la palabra.)

1. a _____
   b _____
2. a _____
   b _____

3. a _____
   b _____
4. a _____
   b _____

(Pedro)

5. a _____
   b _____

6. a _____
   b _____
7. a _____
   b _____

8. a _____
   b _____

ENFOQUE

Lee el cuento de nuevo. ¿Son *true* (T) *or false* (F) las frases a continuación?

1. Peter is Nathalie's uncle. _____
2. Patrick and Helen are husband and wife. _____
3. Andrea is Nathalie's mother. _____
4. Nathalie is Ron's grandson. _____
5. Peter and Patrick are brothers. _____
6. Nathalie is Patrick's niece. _____
7. Sophia is Peter's mother-in-law. _____

ADJETIVOS

Ahora ve si puedes contestar a estas preguntas. Verifica tus respuestas al final del manual.

1. Who is very intelligent? _____
   (quién)
2. Who has short, gray hair? _____
3. Who is married to Morgan? _____
4. Who loves her grandparents? _____
5. Who is handsome? _____

El uso de adjetivos en inglés es fácil. Cada adjetivo tiene solamente una forma; no muestra género ni número. A diferencia del caso español, todo adjetivo inglés se coloca <u>antes</u> del sustantivo al que modifica.

Añade los adjetivos (entre paréntesis) a los siguientes sustantivos. Asegúrate de poner el adjetivo en el lugar correcto en relación al sustantivo. El primero ya está.

1. the woman (tall)   the tall woman
2. the daughter (short)   _____
3. the man (handsome)   _____
4. the grandmother (beautiful) _____
5. the niece (intelligent) _____
6. the fathers (intelligent) _____

LOS ADJETIVOS POSESIVOS

Palabras como mis, tu, sus, vuestra, etc. son adjetivos posesivos; nos dan información en cuanto a las preguntas ¿de quién es? y ¿a qué (o quién) pertenece? Mira el gráfico abajo.

FEMININA		MASCULINA
(mai) my aunt my aunts	MI(S)	my uncle my uncles
(yor) your aunt your aunts	TU(S) SU(S) *(de Ud.(s))* VUESTRO/A(S)	your uncle your uncles
(hIz) his aunt his aunts	SU(S) *(de él)*	his uncle his uncles
(hr) her aunt her aunts	SU(S) *(de ella)*	her uncle her uncles
(awr) our aunt our aunts	NUESTRO/A(S)	our uncle our uncles
(thEr) their aunt their aunts	SU(S) *(de ellos/as)*	their uncle their uncles

Ahora intenta poner el adjetivo posesivo apropiado delante de estos sustantivos.

1. _____ family
   mi

2. _____ house
   su (de él)

3. _____ father
   su (de ella)

4. _____ sister
   tu

5. _____ brothers
   sus (de ellas)

6. _____ hat
   su (de Ud.)

7. _____ friends
   mis

8. _____ mother
   su (de ellos)

9. _____ wife
   su (de él)

10. _____ parents
    nuestros

CAPÍTULO 9

(its tu kold)
It's too cold!
¡Hace demasiado frío!

Poder charlar de *the weather* (el tiempo) en otro idioma puede ser muy útil. Si estás en una parada de autobús, *in a restaurant*, o platicando con el recepcionista en un hotel, *the weather* es un tema inofensivo y popular (y a menudo es necesario si planeas actividades al aire libre).

(hæng In thEr)
Hang in there!
¡Arriba los corazones!

(hUni)
honey
querido/a

(wEthr)
What's the weather like?
¿Qué tiempo hace?

(its hat)
It's hot.
Hace calor.

(kold)
It's cold.
Hace frío.

(wIndi)
It's windy.
Hace viento.

(reyning)
It's raining.
Está lloviendo.

It's a beautiful day.
Hace muy buen tiempo.

(sUni)
It's sunny.
Hace sol.

(horIbl)
The weather is horrible.
Hace muy mal tiempo.

(snowing)
It's snowing.
Está nevando.

Ésta es una conversación telefónica entre *Lisa and her mother. Lisa is 22 years old* y ahora vive en Alaska donde se quedará un año para hacer investigaciones como parte de sus estudios graduados en la Universidad. *Her mother lives in San Francisco.*

Lisa: Hello, Mom.

Mom: Hi, honey. How are you?

Lisa: I'm OK except I'm cold!
(EksEpt)

Mom: Poor thing. Is it snowing?
(por θing)
pobrecita

Lisa: Mom, it's winter and I'm in Alaska. Of course! It snows a ton here.
(tUn)
un montón
How's the weather in San Francisco?

Mom: It's raining a lot today, but yesterday it was sunny. In fact, it was very warm yesterday, but it's cool today. Tomorrow it's going to be sunny again.
(kuwl)
(UgEn)
de nuevo

When are you coming home?
(kUming hom)
¿Cuándo vuelves a casa?

Lisa: I don't know. I'm very busy with my research.
(now)
(risErch)
investigación

I work everyday except Sunday.

Mom: Oh my goodness! Where are you working?
(o may gUdnEs)
¡Dios mío!

Lisa: I *(flay)* fly to Nome *(nowm)* every Monday and *(stey)* stay for two
 vuelo   me quedo
(fErbænks)
days. I often go to Fairbanks too by car.

(ænkUrEj)
It's far from here! I prefer working here in Anchorage.

I have to go again to Fairbanks on Friday.

When are you coming to visit?
¿Cuándo vienes a visitarme?

Mom: My goodness, not *(naw)* now! Not in the wintertime!
            no ahora
(now)
You know I don't like snow,
 sabes

I want to go to Alaska in the summer when it's warm.

Lisa: All right. Yes, it's too cold here in the winter. *(meybi)* Maybe I'll fly home for the *(halIdeys)* holidays.
                                                tal vez voy a volar   vacaciones

Mom: What a great idea! Come home, honey.

As you know, it's sunny here from time to time.

And there is no snow!
Y no hay nieve!

Lisa: OK, Mom. See you *(suwn)* soon.

Mom: Goodbye, honey. Keep your chin up!

DO YOU UNDERSTAND?
¿Comprendes?

Trata de contestar a estas preguntas, basándote en el diálogo.

1. Who is cold? _____

2. Where is Lisa? _____

3. Where is it raining? _____

4. When does Lisa work? _____

5. When does her mom want to visit Alaska? _____

Intenta poner el número de cada frase con los dibujos a la izuierda.

① She says it's raining.
   dice

② She is cold.

③ She doesn't like snow.

④ She works from Monday to Saturday.

⑤ She goes to work by plane and by car.

⑥ She wants to go to Alaska in the summer.

⑦ She is going to fly home in December.

⑧ She likes to work in Anchorage.

PRÁCTICA

What's the weather like?
¿Qué tiempo hace?

A ver si puedes terminar las frases con las expresiones de tiempo indicadas. (Puedes mirar de nuevo el capítulo 7 para repasar *months* and *seasons*.)

1. In the summer _____.
   hace calor

2. In April _____.
   hace fresco

3. In November _____.
   hace muy mal tiempo

4. In January _____.
   nieva mucho

5. In the spring _____.
   hace viento

6. In July _____.
   está húmedo

7. Today _____.
   hace muy bien tiempo

Es posible que recuerdes *"yesterday"* (ayer) y *"today"* (hoy) del Capítulo 6. Ahora añadamos *"tomorrow"* (mañana)) a tu vocabulario. (¿Recuerdas como "Mom" describió *the weather in San Francisco?*)

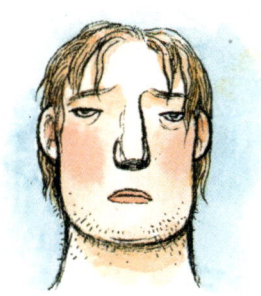  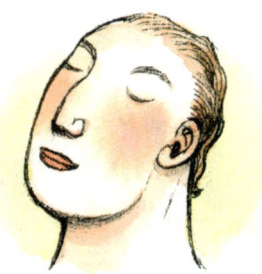

yesterday today tomorrow

PRACTICÁ Y REPASO

Indentifica la palabra de cada grupo que no tiene relación con las demás y escribela en el espacio en blanco.

1. hot, summer, sunny, snow _____
2. yesterday, cold, tomorrow, today _____
3. a lot, when, where, who _____
4. works, visits, here, goes _____
5. day, week, year, spring _____

CONJUGACIONES VERBALES

Ya conoces uno de los verbos que se usan para traducir "hacer" al inglés: el verbo *"to do"*. El otro es *"to make"*, que también puede traducirse con "crear" en unos casos.

	TO MAKE *hacer*	
I/ you/ we/ they	make	(meyk)
he/ she/ it	makes	(meyks)

Aquí tienes algunas expresiones útiles con *"to make"*

to make fun of	My brother always makes fun of me.
burlarse de	*Mi hermano siempre se burla de mí.*
to make sense	Yes, that makes sense.
tener sentido	*Sí, eso tiene sentido.*
to make up	They finally made up.
hacer las paces	*Por fin hicieron las paces.*

	TO COME *venir*	
I/ you/ we/ they	come	(kum)
he/ she/ it	comes	(kumz)

| Come here! | Come in! | to come back | to come up |
| *¡Ven(ga) aquí!* | *¡Adelante!* | *regresar* | *presentarse* |

CAPÍTULO 10

(du yu hæv thU taym pliyz)
Do you have the time, please?
¿Tiene Ud. la hora, por favor?

Has aprendido the days of the week (Capítulo 5) and the months of the year (Capítulo 7). Ahora vas a aprender a decir la hora. Si es necesario, vuelve a los Capítulos 2 y 4 para repasar los *numbers* hasta el 22. Más adelante en este capítulo vas a aprender más números que puedes usar para decir los minutos.

(muwd)
to be in a good mood
estar de buen humor

to be in a bad mood
estar de mal humor

(Urli)
to be early
ser/llegar temprano

(leyt)
to be late
ser/llegar tarde

(treyn steyshUn)	*(alwiz)/(alweyz)*	*(mInIt)*	*(urayv)*
train station	always	a minute	to arrive
la estación de tren	*siempre*	*un minuto*	*llegar*

(tIkIt)	*(plætform)(træk)*	*(seym)*	*(Umeyzing)*
a ticket	platform/track	same	amazing
un boleto	*el andén*	*mismo*	*asombroso*

DIÁLOGO

(ænθUni) (fiona)   (trævling) (ditroyt)
Anthony and Fiona arrive at the train station. They are traveling by train to Detroit to
viajan por tren

(vIzIt)
visit friends.

(kUd)   (liyvz)
Anthony: Hello, could you tell me when the next train leaves for Detroit, please?
me pudiera decir   *sale*

Employee: It leaves at 10:19.

Anthony: Pardon me? At what time?

Employee: At 10:19, Sir.

(naw)
Anthony: What time is it now?

Employee: It is 10:16. You have three minutes.

(sEz)
Anthony says to Fiona: There is a train in three minutes!

(tu)
Fiona: Darn! We're too late.
demasiado

(stori)
Anthony: It's always the same story. We're always late.
historia

Fiona: You're in a bad mood this morning, aren't you?

Anthony: That's enough!

Fiona *(to employee)*: What time does the next train leave for Detroit? We can't catch this train.
No podemos tomar este tren

Employee: Let's see...the next train for Detroit leaves at 1:47.

    (luks)
Fiona looks at Anthony.
  mira

Anthony: That's cool.

Fiona *(to employee)*: That's fine. Two tickets, please.

Employee: One-way or round-trip?

Fiona: Round-trip, please. Second class.

Employee: That's 35 dollars. Here are your tickets.

     (wIch)
Fiona: Thank you. Which track?
      cuál

Employee: Track eight. Have a good trip!

                                      (gEt)
Anthony *(to Fiona)*: Well then... would you like to get a cup of coffee?
                                      ¿Quieres tomar un café?

Fiona: You bet! It's amazing. You're in a good mood now!

Anthony: Of course. Because we're not late now. We're early! Let's go!

DO YOU UNDERSTAND?

Indica si estás afirmaciones son ciertas o falsas según el diálogo.

1. Anthony and Fiona are traveling by plane.   _____
   (avión)

   (æsks)
2. Anthony asks what the time is.   _____
   pregunta

   (θinks)
3. Anthony thinks that Fiona is in a bad mood.   _____
   piensa que

4. Fiona asks for three tickets.   _____
   pide

5. They are traveling round-trip.   _____

ENFOQUE: LA HORA

Expresar la hora en inglés es fácil. Se dice *"it's..."* más la hora. A veces con una hora en punto, se añade *"o'clock" (uklak)*, un modismo sin significado propio. La palabra *"clock"* significa "reloj" (excepto con un reloj de muñeca, que se llama *"a (wrist) watch" (rɪstwach)*.

En *English-speaking countries,* no se suele usar generalmente el "reloj de 24 horas". En vez de eso, se habla de las horas 1–12, clarificadas con "a.m." o "p.m.". Por ejemplo, en vez de ver "a las 16.00", se ve *"at 4 p.m."*. Los horarios de programas de televisión, películas, conciertos, vuelos, trenes, autobuses, y varios negocios normalmente utilizan este sistema de 12 horas.

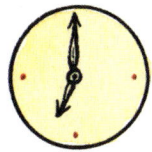  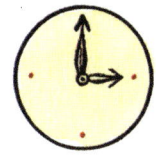 

It is seven o'clock in the morning.	It is twelve noon.	It is three in the afternoon.	It is eight o'clock in the evening.
in the morning *por/de la mañana*	noon *al mediodía*	in the afternoon *por/de la tarde*	in the evening *por/de la noche*

Para decir los minutos, puedes solamente añadir el número:

 It is eleven-forty in the morning.

 It is seven-twenty in the morning.

 It is ten till two in the afternoon

 It is nine thirty in the morning

Para expresar un número de minutos antes de la hora, puedes usar la palabra *"till" (til)* como en *"It's twenty (minutes) till five"* (4:40). A veces en lugar de *"fifteen till"* o *"fifteen after"* la hora, se usa *"a quarter (kwordr) till"* o *"a quarter after"*.

WHAT TIME IS IT?

¿Qué hora es?

a. It is ten-fifteen. b. It is four forty-five. c. It is eleven thirty-eight.

d. It is five-thirty. e. It is nine forty-seven.

 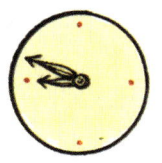 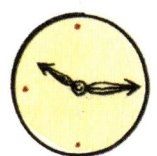  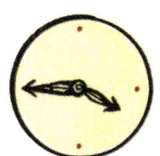

1. _____ 2. _____ 3. _____ 4. _____ 5. _____

NUMBERS 23-100

Tendrás que saber *numbers* más altos si quieres *understand the minutes* cuando alguien te diga la hora. (...y no digamos de la importancia de estos números para hacer compras y en muchas otras circunstancias.) Lee cuidadosamente la pronunciación y di cada número en voz alta.

23	twenty-three		40 forty	*(fordi)/(forti)*
24	twenty-four		50 fifty	*(fIfti)*
25	twenty-five		60 sixty	*(sIksti)*
26	twenty-six		70 seventy	*(sEvUndi)/(sEvEnti)*
27	twenty-seven		71 seventy-one	
28	twenty-eight		72 seventy-two	
29	twenty-nine		80 eighty	*(eydi)/(eyti)*
30	thirty	*(θUrdi)/(θUrti)*	90 ninety	*(naynti)*
31	thirty-one		95 ninety-five	
32	thirty-two		100 one hundred	*(wUn hUndrEd)*

	TO SAY *decir*	
I/ you/ we/ they	say	*(sey)*
he/ she/ it	says	*(sEz)*

CAPÍTULO 11

(friy)
What do you do in your free time?
¿Qué haces en tu tiempo libre?

(niyt æz U pIn)
neat as a pin
pulcrísimo

(æt thU kræk Uv dan)
at the crack of dawn
con el canto de los gallos

(U riyl gormey kuk)
a real gourmet cook
un cocinero epicúreo

ENFOQUE: PREPOSICIONES DE LUGAR

(In)
in
en

(In frUnt Uv)
in front of
delante de

(Undr)
under
debajo de

(insayd)
inside
dentro de

(an)
on
en

(bihaynd)
behind
detrás de

(awtsayd)
outside
fuera de

(nEkst tu)
next to
al lado de

EXPRESIONES ÚTILES

(thEr Iz) (thEr ar)
there is/there are
hay

(srf thU wEb)
surf the Web
navegar la red

(sEnd iymeyl)
send email
mandar correo electrónico

VOCABULARIO

(Upsteyrz)
upstairs
arriba

(daunsteyrz)
downstairs
abajo

(dag)
dog
el perro

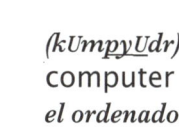

(kUmpyUdr)
computer
el ordenador

(pipl)
people
la gente

(kæt)
cat
el gato

(yUng)
young
joven

(old)
old
viejo

65

CUENTO

(sæmi)
Sami is a small, brown dog.

(bæd)
He lives in a house with a black cat named Bad.

There are also three people that live in the house: a woman, an old man, and a young boy.

Their house is beautiful and neat as a pin.

(awf(t)En)　　(babi)
Sami often visits Bobby, the 7-year-old boy, in his
　a menudo

(wayl)
bedroom upstairs. Sami likes to sit on the bed while
dormitorio　　　　　　　　　　　　　　　　*mientras*

(pleyz wIθ hIz toyz)
Bobby plays with his toys.
juega con sus juguetes

(slips)
Bad, the cat, sleeps under the bed.
　　　duerme

(tamUs)　　(spEnd)
Bobby's grandfather, Thomas, likes to spend time

(kIchen)　(lUvz)　(kuk)
in the kitchen. He loves to cook!
　la cocina　*¡Le encanta cocinar!*

In fact, he is a real gourmet cook.

(Uvn)　(smEl)　(dilIshUs)
Sami likes to sit next to the oven and smell the delicious food.
　　　　　　　　el horno　　*oler*

(rUg)　　　(wIndow)
Bad sleeps on the rug in front of the window.
　　　la alfombra　　*la ventana*

(kæθUrIn)
Sami likes to sleep late, but Bobby's mother, Katherine, gets up at
dormir hasta tarde　　　　　　　　　　　　　　*se levanta*

(afIs)　(buwts Up)
the crack of dawn, goes downstairs to the office and boots up the
　　　　　　　　　　　　　　　　　enciende

computer. She reads her email and surfs the Web.

Bad sleeps inside the wastebasket.
                     basurero

                (riyd <u>nav</u>lz)
Katherine also likes to read novels and work in
                leer

the garden in her free time.

                     (haydz)   *(<u>so</u>fU)*   *(ruwm)*
Bobby likes to play the piano. Sami hides behind the sofa in the living room when Bobby
          tocar   *se esconde*   *la sala*

                  (noyz)   *(awt<u>dorz</u>)*
plays the piano. Bad doesn't like noise so she goes outdoors and sleeps in the garden.
               el ruido   *afuera*

          (saft cheyr)   *(ri<u>læks</u>Ez)*   *(flor) (niyr)*
Bad sleeps in the soft chair and Sami relaxes on the floor near his family.
          la silla suave   *se relaja*   *el piso cerca de*

          (<u>prI</u>di nays layf)
Sami has a pretty nice life.
una vida bastante agradable

DO YOU UNDERSTAND?

What do they like to do? (¿Qué les gusta hacer?) Empareja los miembros de la familia con las actividades que les gustan hacer. Escribe las letras en los espacios en blanco.

1. Sami _____   A. play piano

2. Bad _____   B. cook

3. Katherine _____   C. sleep

4. Thomas _____   D. sit on the bed

5. Bobby _____   E. surf the Web

TO LOVE

amar/querer/encantar

"To love" se usa para expresar un gran cariño hacia una persona o gran gusto por una cosa. No importa si es un amor romántico o no. Por ejemplo, es muy común decir algo semejante a *"I love shellfish"* (Me encantan los mariscos). Repasa el Capítulo 5 para ver la conjugación de *"to like"* (apreciar/ tener gusto a).

I/ you/ we/ they	love	(lUv)
he/ she/ it	loves	(lUvz)

PRÁCTICA

Utiliza el dibujo para ayudarte a completar los espacios en blanco con *in, on, under, next to, or behind.*

1. The grandfather is _____ the bed.
2. There is a cat _____ the bed.
3. The bed is _____ the rug.
4. The window is _____ the bed.
5. There are toys _____ the bed.
6. There is a wastebasket _____ the bed.

Ahora escribe 2 frases originales que describan el dibujo.

1. _____
2. _____

CAPÍTULO 12

(dId yuw hæv U gud wikEnd)
Did you have a good weekend?
¿Pasaste un buen fin de semana

       (rayUn) (manIkU)   (kUmpUni) (taking)
It's Monday morning. Ryan and Monica work at the same company. Ryan is talking

to Monica in her office.

Ryan: Good morning, Monica. Did you have a good weekend?

        (hæd) (greyt)
Monica: Hi, Ryan Yes! I had a great weekend.
      pasé estupendo

     (dId)
Ryan: Oh? What did you do?
    ¿Qué hiciste?

Monica: I played tennis with my sister on Saturday.
    jugué

     (wEnt) (kansrt)
On Saturday night I went to a concert –
   fui

the Rolling Stones! It was awesome!

    (myuwzIk)(frænkli)
Ryan: I love their music. Frankly, I'm
     francamente

   (stIl tuwring)
surprised they're still touring.
 que todavía den conciertos

        (rak)
Monica: Yes, they're old, but they still rock.

What did you do over the weekend?

Did you play soccer as usual?

Ryan: I played soccer on Saturday and yesterday

I played a little basketball. Last night I saw a
        vi
movie with my nephew.

Monica: Which movie did you two see?

Ryan: We saw the new Harry Potter movie.

Monica: Oh. Was it good?

Ryan: Yes. My nephew, who is 8 years old, was a little scared, but I thought it was *(θawt)* / *yo pensé* very entertaining. *(Entrteyning)* / *entretenida/divertida*

Monica: My daughter wants to see it, but I prefer romantic movies. *(prifr)* *(romæntIk)* / *quiere   verla*

Ryan: Oh, really? Me too. *(riliy)* / *¿De veras?*

Monica: No way! You're kidding. *(wey)* / *¡No me digas!*

Ryan: No, it's true! Ask Julia. She knows I like romantic movies. *(noz)* / *sabe*

OK, 'bye! I'm outta here. I have a lot of work to do! / *¡Me queda mucho trabajo que hacer!*

Monica: Julia? Wait! What's going on with you and Julia? *(weyt)* / *¡Espera!   qué pasa*

I've had it with you and your secrets! *(sikrEts)*

Ryan: See you at the meeting this morning! *(miding)* / *reunión*

Monica *(yelling)*: Darn it! What meeting?

PAREJAS

Empareja las preguntas y frases a la izquierda con las respuestas apropiadas a la derecha.

_____ 1. Was it good?   a) Yes, I had a great weekend.

_____ 2. I saw a movie last night.   b) I played soccer.

_____ 3. You're kidding.   c) It was awesome!

_____ 4. Did you have a good weekend?   d) No, I'm not!

_____ 5. How was the concert?   e) Which movie did you see?
          cómo
_____ 6. What did you do on the weekend?   f) Yes.

El pretérito:

En inglés, como en español, se usan varios tiempos verbales para hablar del pasado. El pasado simple o "pretérito" *(preterite)* es muy común en ambas lenguas. Éste es el tiempo que se usa para hablar de lo que <u>pasó</u> en el pasado (en lugar de lo que <u>pasaba</u> o lo que <u>ha pasado</u>, por ejemplo).

A. Todas estas frases usan el pretérito en español:

Salí del cuarto.
Él me dio un regalo.
Vivieron en Uruguay por un año.
La fiesta fue ayer.
¿Fuiste a la tienda hoy?
Vimos una película anoche.

B. Aquí tienes las mismas frases en inglés; todos los verbos están conjugados en el "preterite":

I left the room.
He gave me a present.
They lived in Uruguay for a year.
The party was yesterday.
Did you go to the store today?
We saw a movie last night.

El pretérito de muchos verbos en inglés es irregular; en este capítulo vas a ver como se conjugan los verbos que son <u>regulares</u> en el pretérito en inglés, y algunos de los <u>irregulares</u>.

Un aspecto agradable del pretérito en inglés es que, con una excepción (to be), cada verbo tiene solamente una forma. En el caso de los verbos regulares como "to talk", se añade "-ed" al fin de la forma base del verbo para formar el pretérito. La pronunciación de la terminación "-ed" varía según el sonido final de la forma base; si es (t) o (d) "-ed" se pronuncia ((ɛ)d). Si el verbo termina en otro sonido "sin voz" (sordo), (p), (f), (k), se pronuncia (t); después del resto de las consonantes y de las vocales se pronuncia (d).

```
                Pretérito de "to talk" (hablar)

    I / you / we / they / he / she / it    talked    (takt)
```

Otros ejemplos de verbos ingleses que son regulares en el pretérito son:

to call	**called**	(kald)
to look	**looked**	(lukt)
to like	**liked**	(laykt)
to love	**loved**	(lUvd)
to play	**played**	(pleyd)
to relax	**relaxed**	(rilækst)
to celebrate	**celebrated**	(sElEbreytEd)

Dos verbos con formas irregulares que viste en el cuento de este capítulo son *"to think"* and *"to go"*:

```
                    (θink)
          Preterite of "to think" (pensar)

    I / you / we / they / he / she / it   thought    (θawt)
```

Muchos verbos tienen formas irregulares en el pretérito, por ejemplo:

to eat	**ate**	(eyt)		to tell	**told**	(told)
to drink	**drank**	(drænk)		to make	**made**	(meyd)
to give	**gave**	(geyv)		to do	**did**	(dId)
to take	**took**	(tuk)		to read	**read**	(rEd)
to swim	**swam**	(swæm)		to see	**saw**	(saw)
to speak	**spoke**	(spok)		to feel	**felt**	(fElt)
to say	**said**	(sEd)		to know	**knew**	(nuw)

El verbo *"to be"* es excepcional en que tiene dos formas distintas en el pretérito:

```
                Pretérito de "to be"

    I / he / she / it    was     (wUz)
    you / we / they      were    (wUr)
```

MODISMOS/EXPRESIONES

(aym awdu hiyr)
I'm outta here.
Me voy.

(yor/yr kIdIng)
You're kidding!
¡Estás bromeando!

(ayv hæd It)
I've had it!
¡Estoy harto!

(It wUz awsUm)
It was awesome!
¡Fue estupendo!

PRÁCTICA

Ahora puedes reconocer y usar muchos verbos en el *preterite*. Al leer el párrafo a continuación, notarás que faltan unos de los verbos. Mira los dibujos y escribe los verbos apropiados en los espacios en blanco.

Ejemplos: Yesterday I "ate" ("comí") a pizza.

He "went" ("fue") to the movies.

Escoge una de estas palabras para completar cada espacio en blanco.

| swam | went | ate | called |
| watched | played | spoke/talked | thought |

Yesterday, I _____ my friend.
　　　　　　　　1.

We _____ for a long time about the weekend.
　　　　2.

74

She told me she was very tired on Saturday

because she _____ soccer all morning.
       3.

So she stayed home on Sunday

and _____ TV all day.
      4.

Then she asked me, "What did you do?" I told her that on Saturday my

boyfriend and I _____ in the lake.
                 5.

Saturday night we _____ to a party.
                    6.

CAPÍTULO 13

What do you want to eat?
¿Qué quieres comer?

I could eat a horse.
Me crujen las tripas.

some
un poco (de) / unos/as
algunos/as

Cheers!
¡Salud!

Enjoy your meal!
¡Buen provecho!

VOCABULARIO

(bEvrIj)
a beverage
una bebida

(kafiy)
coffee
el café

(tiy)
tea
el té

(biyr)
a beer
una cerveza

(wayn)
wine
vino

(fruwt)
fruit
la fruta

(dizUrt)
dessert
el postre

(strawbEriz)
strawberries
las fresas

(keyk)
cake
la torta

(pay)
pie
el pastel

(paynæpl)
pineapple
la piña

(æplz)
apples
las manzanas

(chEriz)
cherries
las cerezas

(kændi)
candy
los dulces

(ays kriym)
ice cream
el helado

(bUnænUz)
bananas
las bananas

(orUnj(e)z)
oranges
las naranjas

(miyt)
meat
la carne

(fIsh)
fish
el pescado

(chIkn)
chicken
el pollo

(hæm)
ham
el jamón

(vEgtUblz)
vegetables
las verduras

(biyf)
beef
el bistec

(sælUd)
salad
la ensalada

(rays)
rice
el arroz

(chiyz)
cheese
el queso

(piyz)
peas
los guisantes

(tUmeyto/tUmato)
tomatoes
los tomates

(mIlk)
milk
la leche

(UnyUnz)
onions
las cebollas

(kErUts)
carrots
las zanahorias

(egz)
eggs
los huevos

(frEnch frayz)
French fries
las papas fritas

(mUshruwmz)
mushrooms
los champiñones

(suwp)
soup
la sopa

CUENTO

                                        (hEnriy) (grEg)   (ErIk)
Three friends are in a restaurant: Henry, Greg, and Eric.

Henry: What do you want to eat?

Greg: I'm not very hungry. I'm going to have soup and salad.

Henry: And you, Eric?   **Eric:** Me? I could eat a horse! I didn't eat breakfast this morning.
                                                                           (no desayuné)

                (way nat)
Henry: Oh really? Why not?
                 ¿Por qué no?

    (wok Up)
Eric: I woke up late so I didn't have time to eat. In fact, I was late for work.
    me desperté

      (bUmr)   *(rEdi)   (ordr)*
Greg: Bummer!   **Waiter:** Are you ready to order?
      ¡Qué bárbaro!   *¿Están listos para pedir?*

                                                                                   (kriym Uv UspErUgUs)
Greg: What's the soup of the day?   **Waiter:** Today it's cream of asparagus.

           (sawndz)   *(siyzr)*
Greg: OK. That sounds good. I'd like some soup and a Caesar salad.
        Me parece bien   *(una ensalada César)*

Waiter: Would you like shrimp on your salad?   **Greg:** No, thank you.
                       camarones

                       (Eniθing Els)
Waiter: OK, would you like anything else?   **Greg:** No, that's it.
                       algo más

Waiter: And for you, Sir?

Henry: I'll have a cheese omelet *(amlIt)* and a tomato salad.
tortilla española

Waiter: Anything else?

Henry: Yes. For dessert I'd like some apple pie, please.

Waiter: And you, Sir?

Eric: First, I'd like the Cajun *(keyjn)* shrimp as an appetizer. Then I'll have the chicken in wine sauce *(saws)*.
como entremés   *salsa*

Waiter: I'm sorry *(aym sari)*, Sir. We're out of chicken.
lo siento

We do have a delicious salmon *(sæmUn)* in lemon *(lEmUn)* sauce today.

Eric: OK. I'll have the salmon.   **Waiter:** Would you like dessert?

Eric: Yes, I'd like vanilla *(vUnIlU)* ice cream.

Henry: We would also like a carafe *(kUræf)* of the house white wine, please.
garrafa   *vino blanco casero*

Waiter: An excellent choice *(choys)*, Sir.
elección

Henry, Greg, and Eric: Enjoy your meal!

PRÁCTICA

Vocabulario de la Comida
Usa las claves en español para adivinar las palabras en inglés.

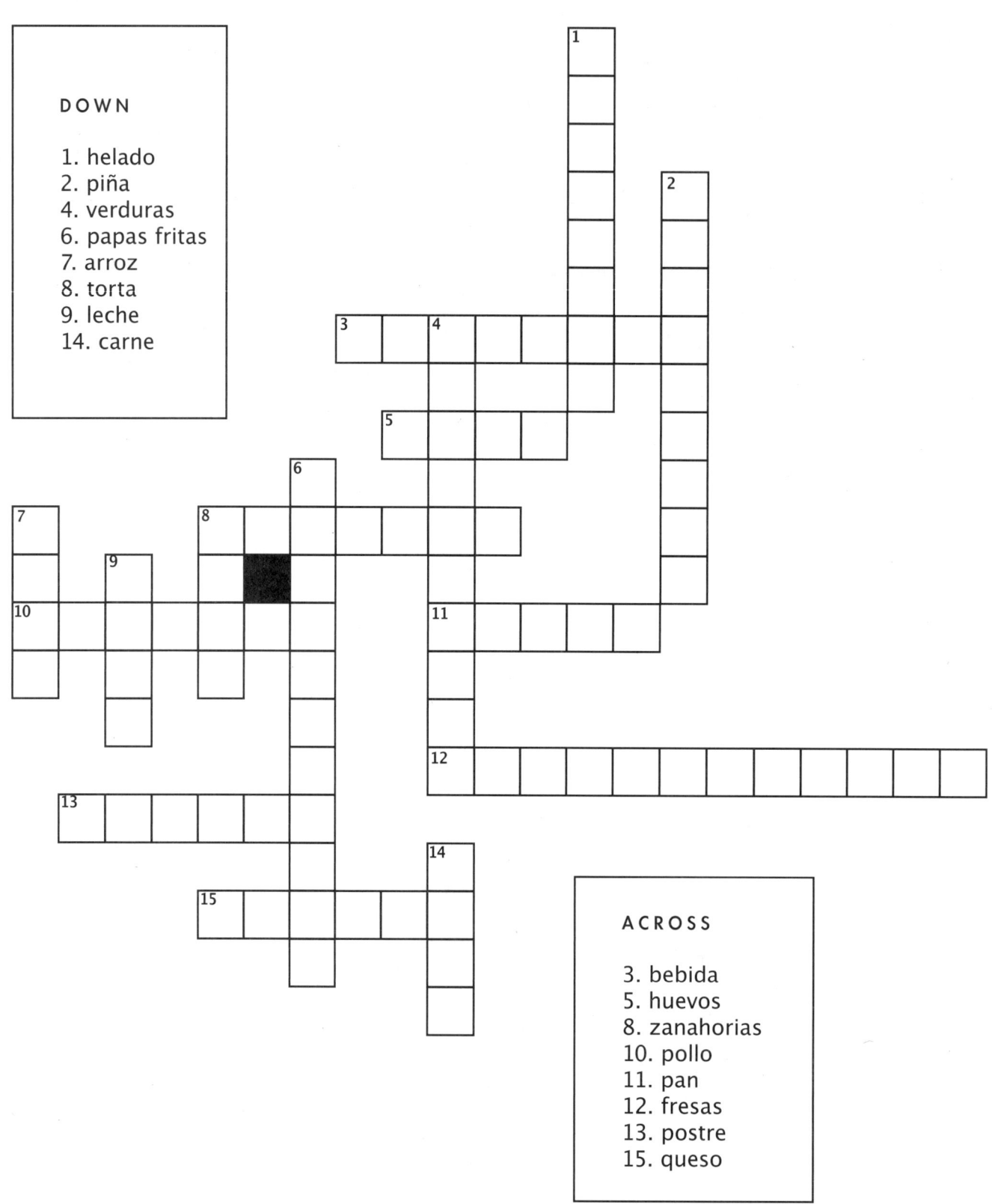

DOWN

1. helado
2. piña
4. verduras
6. papas fritas
7. arroz
8. torta
9. leche
14. carne

ACROSS

3. bebida
5. huevos
8. zanahorias
10. pollo
11. pan
12. fresas
13. postre
15. queso

TRUE OR FALSE
¿Cierto o falso?

_____ 1. Eric is very hungry.
_____ 2. Apple pie is a dessert.
_____ 3. Henry ordered red wine.
_____ 4. Eric is having chicken.
_____ 5. Eric wants chocolate ice cream.

ENFOQUE

ADJETIVOS DEMOSTRATIVOS:

En inglés, hay sólo <u>dos</u> grados de distancia: *"this"* y *"these"* se usan para hacer referencia a objetos cercanos (físicamente o metafóricamente), mientras que las formas *"that"* y *"those"* indican lo que está más lejos. Para indicar más distancia, puedes añadir *"over there"*, como en la frase ***"Please pay at that cash register over there"***. Como ves, los adjetivos demostrativos ingleses tienen formas singulares y plurales, pero no hay formas masculinas ni femeninas.

this: este, esta   **these:** estos, estas   **that:** ese, esa   **those:** esos, esas

Como en español, los adjetivos demostrativos en inglés preceden a los sustantivos que modifican:

Do you like this skirt, Ma'am?   I like that skirt a lot!

Those girls (over there) are my cousins, Sherry and Kathy.

En este texto, viste no solamente unos adjetivos demostrativos, sino también unos <u>pronombres</u> demostrativos. Los pronombres demostrativos del español llevan acento (excepto las formas nuestras). Son <u>pronombres</u> porque, como otros pronombres, toman el lugar de sustantivos; estas formas se usan <u>en lugar del</u> sustantivo al cual se refiere, por ejemplo en "Me gusta éste", "¿Quieres ésas o aquéllas?" o "Estos libros son más viejos que ésos". En inglés, un pronombre demostrativo consiste en un adjetivo demostrativo con o sin *"one(s)"*.

PRONOMBRES DEMOSTRATIVOS:

this (one):   éste, ésta, esto
these (ones): éstos, éstas
that (one):   ése, ésa, eso
those (ones): ésos, ésas

What is that?   Pay attention! This is very important.
¿Qué es eso?   *¡Presta atención! Esto es muy importante.*

If that woman is your wife, who's that one over there?
Si esa mujer es tu esposa, ¿quién es aquélla?

81

CAPÍTULO 14

(wʊts thʊ mædr)
What's the matter?
¿Qué te pasa?

(aym ɛkzawstɛd)
I'm exhausted.
Estoy agotada.

(hæpi birθdey)
Happy Birthday!
¡Feliz cumpleaños!

(wuts thu mædr)
What's the matter?
¿Qué te pasa?

(ay dont fiyl wɛl)
I don't feel well.
No me siento bien.

VOCABULARIO

(hɛlθ)
health
la salud

(sɪk)
sick
enfermo

(aym swampt)
I'm swamped.
Estoy atareadísima.

(weyt)
weight
el peso

a cold
un resfriado

(sɛlɛbreyt)
to celebrate
celebrar

DIÁLOGO

                               (sErUz)   (krIstiynz)

Some good friends meet for lunch at Sarah's house to celebrate Christine's birthday.
unas amigas íntimas   se encuentran para almorzar

Sarah: Hi, Christine. Happy Birthday!

                            (sUch)

Christine: Hi, Sarah. Thanks! It's such a beautiful day today.
                             tan

               Oh! Are we going to eat outside?
                                al aire libre

Sarah: Yes! In the garden.

(juwliy)
Julie: Hi.

Sarah: Julie, what's the matter?!

Julie: I don't feel well.

Sarah: Oh, that's too bad!
                      ¡Qué lástima!

               Do you have a cold?

                                   (sor θrowt)

Julie: I think so. I have a sore throat and I'm exhausted. I don't feel like
               Creo que sí.   me duele la garganta   *no tengo ganas de*

                                           (bæk)
               working. In fact, I'm not going to go back to work this afternoon.
                              no   voy   a volver

                     (bIn)
Sarah: How long have you been sick?
               ¿Cuánto tiempo hace que estás enferma?

              (Ubawt)
Julie: For about two days.
               por   alrededor de

              (kUm)
Sarah: Why did you come today?!
                        viniste

Julie: It's Christine's birthday! I want to help her celebrate!
  (hElp) *ayudarla*

Christine: That's so nice of you, Julie. Thank you.
  eres muy amable

Julie: How are you anyway, Christine? You were so sick last month.
  (Eniywey) *de todos modos* *estabas tan*

Christine: I'm fine now. Look at me! I put on some weight. Also, I ride my bicycle to work everyday now.
  (luk) *(put)* *(rayd)* *(baysIkl)* *¡Mírame!* *Aumenté de peso* *ando en bicicleta*

Julie: That's fantastic. You look wonderful. How is work going?
  (fæntæstIk) *(wUndrfUl)* *Te ves maravillosamente. ¿Cómo te va el trabajo?*

Christine: At the moment I'm swamped, but it's very interesting. I meet different people everyday.
  (momEnt) *(int(U)rEsting)* *(dif(U)rEnt)* *conozco*

Julie: How neat!
  (niyt) *¡Qué bien!*

Sarah: OK, lunch is ready! Let's eat! We're having chicken pasta salad, fresh
 ¡Comamos! *fresco*

 (mElUn) *(kiysh(U)z)* *(frEshli beykt)*
 melon, mushroom and tomato quiches, and freshly-baked cheese bread.
 tartas de huevos *recién horneado*

 (chaklIt) *(wIθ)*
 And for dessert we have chocolate cake with strawberries!
 con

 (bigIn) *(glæs)* *(shæmpeyn)*
 Let's begin with a glass of champagne.
 Empecemos con una copa de champaña.

Julie, Christine, Sarah: Cheers!

Julie, Sarah: To Christine's fortieth birthday!

Christine: And to Julie's health!

 (bEdr) (alrEdi)
Julie: I feel better already.
 mejor ya

YES OR NO?

Lee *in Spanish*. Contesta *in English*.

_____ 1. ¿A Julie le duele la garganta?

_____ 2. ¿A Christine le gusta su trabajo?

_____ 3. ¿Es en casa de Julie la celebración?

_____ 4. ¿Es el cumpleaños número treinta de Christine?

_____ 5. ¿Estaba enferma Christine el mes pasado?

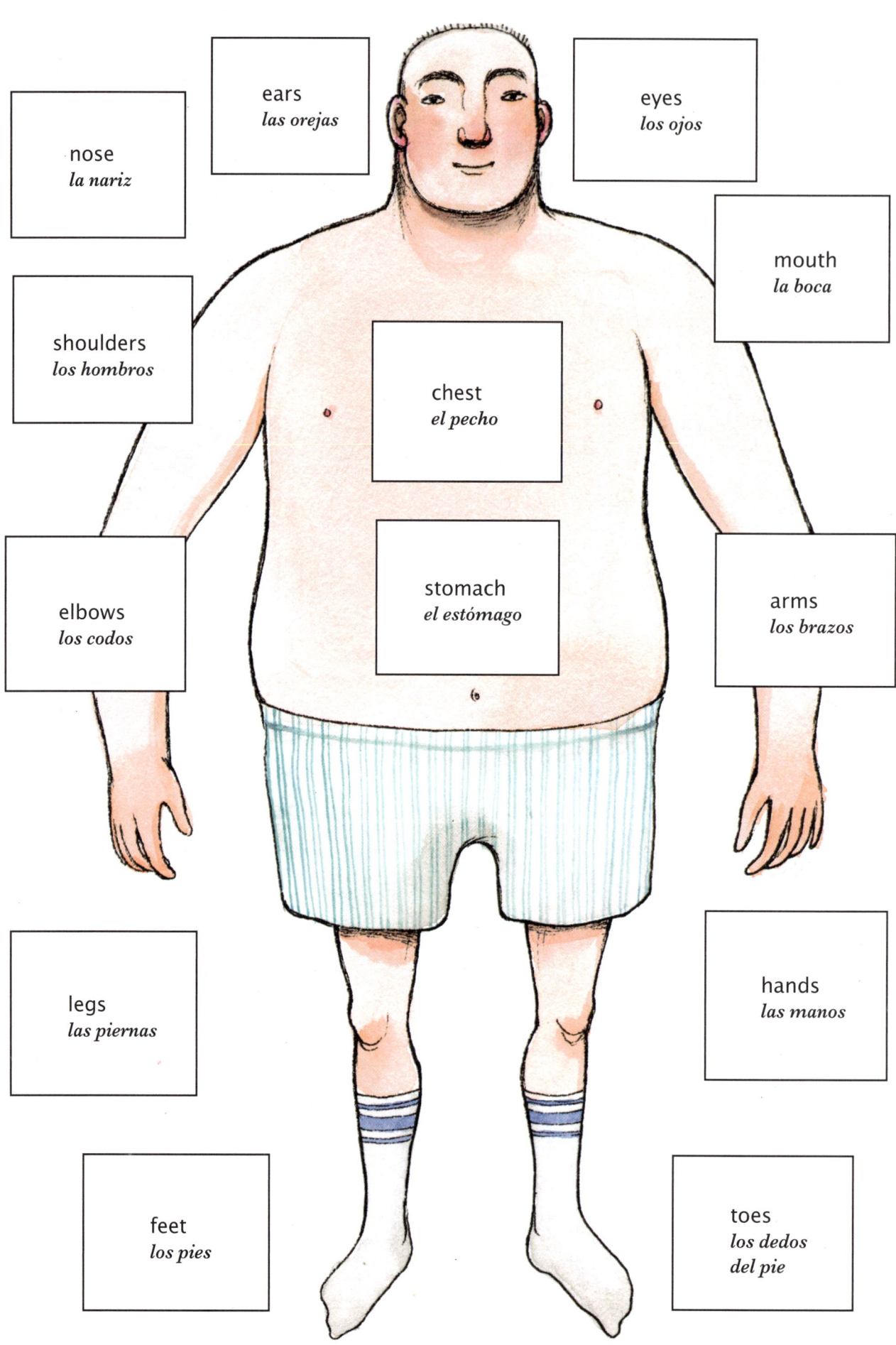

PRÁCTICA

Recuerda que Julie dijo, *"I have a sore throat."* A ver si puedes emparejar the English con the Spanish por mirar el dibujo. Escribe las letras en los espacios.

1. I have a stomachache. _____
2. My knee hurts. _____
3. I have a headache. _____
4. My feet hurt. _____
5. I have an earache. _____
6. My eyes hurt. _____
7. My neck hurts. _____
8. My back hurts. _____

a. Me duelen los pies.
b. Me duelen los ojos.
c. Me duele el estómago.
d. Me duele la espalda.
e. Me duele el cuello.
f. Me duele la rodilla.
g. Me duele la cabeza.
h. Me duele el oído.

TO COME (preterite)
venir

I/ you/ we/ they /he/ she/ it   came   *(keym)*

TO HURT (preterite)
doler

I/ you/ we/ they /he/ she/ it   hurt   *(hrt)*

"To hurt" muchas veces <u>no</u> tiene objeto explícito en inglés. Por ejemplo, no es necesario decir *"My head hurts me"*; se puede decir, *"My head hurts"* y se entiende bien por el uso del <u>adjetivo</u> <u>posesivo</u> *"my"* a quién le duele la cabeza. Este verbo también se usa con el sentido de "herir(se)", como en estos ejemplos:

(maysElf)
I hurt myself yesterday while I was playing soccer.
Me herí ayer mientras jugaba al fútbol.

(aksIdEnt)
Did the accident hurt Bob?
¿Hirió a Bob el accidente?

En el primer ejemplo arriba, ves el pronombre reflexivo *"myself"*. Los verbos reflexivos no son tan comunes en inglés como lo son en español, pero sí se usan. Como en español, la forma de este pronombre varía según el sujeto del verbo, como puedes ver:

I hurt myself.
Did you hurt yourself?
Bob looks at himself in the mirror a lot.
              espejo
Elena talks to herself.
The work won't do itself!
¡El trabajo no se va a hacer por si mismo!

(awrsElvz)
We'll help ourselves.
Are you (all) going to buy yourselves a new house?

Some people don't know themselves very well.

CAPÍTULO 15

(greyt)
That looks great on you!
¡Eso te queda muy bien!

(dont wUriy)
Don't worry!
¡No te preocupes!

(an seyl)
on sale
en venta

(wey)
No way!
¡Olvídalo!

VOCABULARIO

(pUjamUz)
pajamas

(drEs)
dress

(glUvz)
gloves

(swImsuwt)
swimsuit

(prs)
purse

(bleyzr)
blazer

(tiyshUrt)
t-shirt

(tEnIshuwz)
tennis shoes

(slIp)
slip

(pæntihoz)
pantyhose

(bæθrowb)
bathrobe

(Undrweyr)
underwear

(bra)
bra

(slIprz)
slippers

(shorts)
shorts

(swEts)
sweats

(jiynz)
jeans

(swEdr)
sweater

DIÁLOGO

¡Es posible que necesites repasar los colores en Capítulo 5!

(jorj)   *(mEri) (jansUn)*   *(hUwayiy)*   *(veykeyshUn)*
George and Mary Johnson are going to Hawaii on vacation.

        (shaping)   *(klows)*
They are shopping for clothes. They are at a men's clothing store now.
  Van de compras para ropa   tienda de ropa para hombres

George is trying on a gray suit.
             prueba
            (fIts)
Mary: That suit fits you well, but I'm not going to bring a suit.
       ese   *te queda bien*   *traer*

          (meybi)   *(forml)*
George: Maybe you're right. This is too formal for dinner in Hawaii.
          tal vez   *éste*

       (put)
Mary: Put on these white pants and this pink shirt.
      ponte

                  (gIv)
George: Pink? No way! Give me a blue shirt, please.
                 dame

Salesman: May I help you?
            ¿Los puedo servir?

George: Do you have this shirt in blue?

              (sayz)
Salesman: In the same size?
            ¿Del mismo tamaño?

George: Yes.

Salesman: Here it is.

George: That's better. I'm also looking for a sports jacket.
                          también busco

Salesman: This one is on sale.
             ésta

       (staylIsh)
Mary: That's very stylish. Oh, it looks great on you, Sweetheart!
     Está muy de moda   *¡te queda muy bien, amor!*

George: Good. I'd like to buy the pants, the shirt, and the jacket.

                      (pey)   (cæsh rEjIstr)
Salesman: Please pay at that cash register over there.
                 pague en aquella caja, por favor.

Now George and Mary are at a women's clothing store.

Mary is trying on a yellow dress.

George: That dress is pretty, but it's too long.
                lindo   *largo*

                                         (smalr)
Mary: hmm... Miss, do you have this one in a smaller size?
                                   más pequeño

Saleswoman: No, Ma'am, we don't have it in that size.

George: Look at this red dress, Dear.

        (hIdiUs)
Mary: That dress is hideous. I can't wear that.
       horrendo   *llevar*

George: Don't worry. I don't like it either!
                          tampoco

Saleswoman: Do you like this skirt, Ma'am? It's the *(læst)* last one and it's in your size.
la última

Mary: I like that skirt a lot!

George: Try it on!
¡Pruébala!

Saleswoman: Here is a yellow blouse and a *(sIlk)* silk scarf to wear with the skirt.
seda

Mary: OK....What do you think?
¿Qué te parece?

George: That looks great on you!

Mary: *(wEl)* Well then! Let's go look for swimsuits. Then *(wiyl)* we'll be ready for Hawaii!
!Bueno pues! vámonos a buscar   estaremos

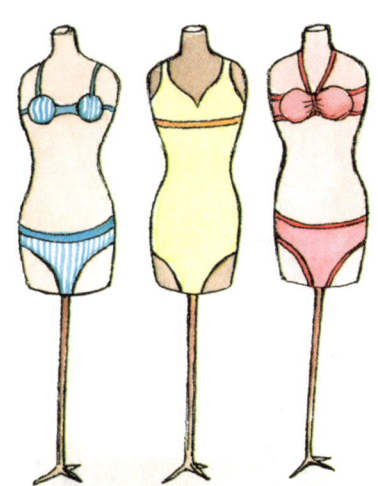

DO YOU UNDERSTAND?

¿Comprendes?

¿Cuáles de estas frases describen las situaciones en el diálogo? Indica las frases ciertas.

1. _____ George buys a pink shirt.
2. _____ Mary likes the skirt.
3. _____ George puts on a raincoat.
4. _____ George and Mary are going to Hawaii.
5. _____ George says that the yellow dress is too small.

What is she putting on?
¿Qué se pone ella?

Cada una de las 5 palabras a continuación, cuyas letras están desordenadas, se refiere al nombre de una prenda de mujer. Ordena las letras de cada palabra; después copia las letras de las casillas numeradas a las casillas más abajo que tienen los mismos números. ¡Al final encontrarás la respuesta a la pregunta! (La respuesta no se refiere al diálogo de este capítulo.)

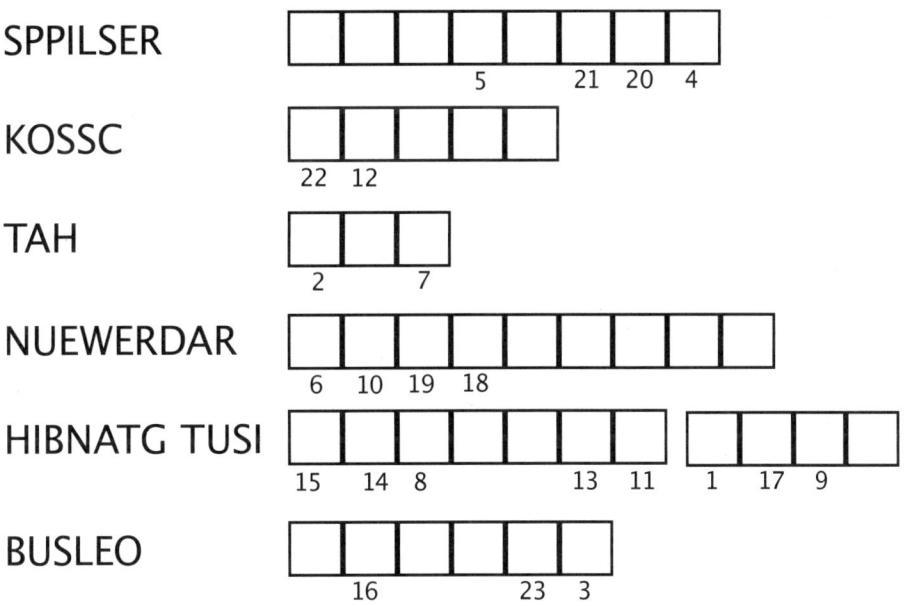

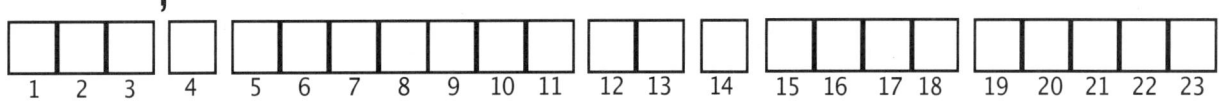

CAPÍTULO 16

(thæts laif)
That's life!
¡Así es la vida!

No importa cuánto *you prepare* para *a trip* a un país extranjero – a menudo sucederán acontecimientos imprevistos. Si alguno de éstos resulta desafortunado o desagradable, te ayudará saber un poco de *the language* para *understand* lo que dicen o preguntan varias personas (como *doctors* o *police officers*). Puedes también *need to explain* lo que pasó. Una buena actitud ayuda mucho para *prepare you* a hacer frente a circunstancias desafortunadas. El poder apreciar un evento imprevisto como parte de *your experience* te ayudará a superarlo. En el cuento de este capítulo vas a ver como Roger, de New York, maneja sus *problems* en un viaje de negocios a Portland, Oregon.

(bEdr leyt thæn nEvr)
Better late than never!
¡Más vale tarde que nunca!

(wUt U bUmr)
What a bummer!
¡Qué horror!

VOCABULARY

(fæks)
fax

(sEl fown)
cell phone
el teléfono celular

CUENTO

(riyd) (hæpnd) (rajr) (trIp) (portlnd) (orIgn)
Read what happened to Roger on a trip to Portland, Oregon.
lee   lo que le pasó a   un viaje

My brother Roger doesn't have very good luck. He took a trip to Portland last month.
                                                                                         hizo un viaje

(læptap) (stoln) (eyrport)
First, his laptop was stolen in the airport. What a bummer!
      le robaron su computadora portátil

(trayd) (fæks) (bas) (risiyv)
Then, he tried to send a fax to his office in New York, but his boss didn't receive it.
     intentó   *jefe*   *no lo recibió*

(æftr) (liyv) (mEsEj) (æns(U)ring mUshiyn)
After that, Roger tried to leave a message on the answering machine at work,
después   *dejar un mensaje*   *la máquina contestadora*

but it wasn't working.
  no funcionaba

(Urayvd) (gat vEri UpsEt) (bikUz) (last)
The day after he arrived in Portland, Roger got very upset because he got lost and
                llegó   *se puso muy trastornado porque se perdió*

(sUmwUn)
was 40 minutes late for his first meeting. (When someone at the meeting said, "Better
                                       alguien   *dijo*

late than never!", he felt a little better.)
                se sintió

(liyst) (sUksiydEd)
At least Roger succeeded in sending some emails to his boss, his family (like me), and
por lo menos   *llegó a mandar*

       (fawnd) *(saybrkæfey)*
some friends. He found a Cybercafe close to his hotel, so he used the computers
      encontró   *así que usó*

(thEr) (almost)   *(alwez)*
there almost every evening. My brother said there were always a lot of people
allá casi   *había*

              (wurd prasEsr)
at the café sending emails, surfing the Web, and using the word processor.
              el procesador de textos

  (kudnt) *(mænEj)* *(tayp)* *(kwIkli) (thow)*
Roger couldn't manage to type very quickly though, because the keyboard was different.
  no podía teclear   *rápido sin embargo*

                (ownr)
One evening, he spilled coffee on the mouse and keyboard and the owner was not
                el dueño

very happy. What a bummer!

          (rEnt(E)d) *(drayv)* *(kUntriy)*
Then on Saturday morning, it was sunny and Roger rented a car to drive to the country
        hacía sol *alquiló* *para conducir al campo*

 (bay) *(rIvr)* *(UnforchUnItli)* *(srprayzingli)* *(brok)*
for a picnic by the river. Unfortunately, but not surprisingly, his car broke down on
 al lado del río desafortunadamente sorprendentemente se le paró

 (haywey)
the highway. On Sunday, he rented a bicycle to ride to a big park. It rained almost the
 la carretera   casi todo el

 (howl)   *(gat U flæt tayr)*
whole time and he got a flat tire on the way back. Poor Roger!
 tiempo   tuvo un reventón mientras regresaba

 (hawEvr) *(iyvn)*   *(UnlUki)*
However, even when he is unlucky, my brother always says, "That's life!"
 sin embargo aun

97

DO YOU UNDERSTAND?

Empareja las frases a la izquierda con las palabras a la derecha.

1. "Better late than never!" _____ a) mouse and keyboard
2. boss didn't receive _____ b) cybercafe
3. broke down on the highway _____ c) meeting
4. spilled coffee on _____ d) laptop computer
5. got a flat tire _____ e) car
6. sent e-mails from _____ f) bicycle
7. was stolen _____ g) fax

PAREJAS: VERBOS

Ve si puedes emparejar el verbo con su equivalente español. Repasa el cuento para ayudarte.

1. found _____ a) alquiló
2. rented _____ b) le robaron
3. lost _____ c) intentó
4. said _____ d) encontró
5. received _____ e) perdió
6. arrived _____ f) dijo
7. was stolen _____ g) llegó
8. spilled _____ h) recibió
9. tried _____ i) derramó

ENFOQUE

EMERGENCIAS

Muchas áreas ofrecen un número de teléfono especial que usar en caso de emergencia. En los Estados Unidos, puedes marcar el número 9-1-1 prácticamente en todo lugar, y se te proporcionará la ayuda necesaria. Otros números útiles se suelen localizar en las primeras páginas de la guía telefónica.

(θiyf)	(ay want tu riport æn æksIdEnt)	(imUrjEnsi)	(wUt hæpnd)
Thief!	I want to report an accident...	emergency	What happened?
Ladrón!	*Quiero reportar un accidente...*	*emergencia*	*¿Qué pasó?*

(hElp)
Help!
¡Socorro!

(pulis)
Police!
¡Policía!

(fayr)
Fire!
¡Incendio!

(they stowl may)
They stole my...
Me robaron mi

(kal thU fayr dipartmEnt)
Call the fire department!
¡Llame al servicio de bomberos!

(ayv last may)
I've lost my...
Perdí mi(s)...

EMERGENCY!

Sopa de letras: Encuentra estas 5 palabras de emergencia: **emergency, fire, help, police, accident.** Identifícalas con un círculo.

L	A	Y	Q	X	F	Z	U	F	Y	W	H	E	L	J
M	P	F	F	U	Y	K	I	I	C	T	L	B	H	M
P	O	L	I	C	E	R	P	A	N	G	F	P	J	I
R	K	T	Z	O	E	O	B	V	E	C	G	L	T	O
L	K	K	B	O	K	U	T	A	G	N	E	A	O	G
C	B	T	G	Z	Y	V	C	D	R	N	B	V	E	Y
L	W	J	H	S	O	R	Z	T	E	E	I	C	W	F
H	I	C	Z	I	W	V	N	V	M	G	B	Q	Q	P
C	T	X	D	B	E	E	O	L	E	Z	I	A	R	V
J	I	W	A	P	D	F	R	U	H	L	W	D	P	S
M	O	B	K	I	H	T	B	D	E	J	S	B	L	V
Q	C	H	C	Q	I	X	N	B	L	V	I	U	C	T
W	L	C	F	D	T	E	M	L	P	U	F	S	T	D
A	O	O	G	P	Q	Q	W	R	B	W	F	S	U	J
Y	H	Q	Z	S	L	W	K	F	X	X	H	T	S	L

CLAVE DE RESPUESTAS

Capítulo 1

Práctica
1. <u>Where</u> do you want to have <u>dinner</u>?
2. Where do <u>you</u> <u>want</u> to have <u>lunch</u>?
3. Where do you want <u>to have</u> <u>breakfast</u>?
4. <u>Where</u> do you want to eat?

Parejas
1. a   2. f   3. c   4. b   5. e   6. d

Capítulo 2

Práctica
1. <u>four</u>   2. <u>ten</u>   3. <u>five</u>   4. <u>three</u>
5. <u>one</u>   6. <u>seven</u>   7. <u>eight</u>   8. <u>nine</u>

Práctica
1. Anne and her friend are eating in a restaurant.
2. Julia has two sandwiches.
3. Jack enters the restaurant.
4. Jack is very happy.

Capítulo 3

Práctica
1. How old are you ?
2. Where are you from?
3. What is your name?
4. Are you American?

Práctica
1. (B) Are they American?
2. (A) You are hungry?
3. (A) Are you hungry?
4. (B) Where are you from?
5. (A) Do you eat seafood?
6. (B) How old is he?

Capítulo 4

¿Comprendes?
1. Janet es estadounidense.   2. La dependiente habla demasiado rápido.
3. Quiere comprar dos rosquillas de chocolate.   4. Janet pide agua mineral.

5. Esta escena toma lugar en una panadería.

How can I help you?
1. eleven 2. eighteen 3. fifteen
4. three 5. five 6. two

Capítulo 5

Práctica
1. house 2. years old 3. nice
4. funny 5. job 6. train 7. car

Colores
A través de:
3. purple
6. green
7. white
8. orange

Hacia abajo:
1. yellow
2. blue
3. pink
4. red
5. brown
6. gray

Práctica
4 Wednesday 1 Sunday 3 Tuesday 6 Friday
2 Monday 7 Saturday 5 Thursday

Capítulo 6

Who won the race?

A es first
B es second
C es third
D es fourth
E es fifth

F es sixth
G es seventh
H es eighth
I es ninth
J es tenth

¿Comprendes?

1. yes 2. yes 3. no 4. no

Capítulo 7

Cuento
1. La madre está en la playa en el verano.
2. El padre está en las montañas en el invierno.
3. El hermano da un paseo por el bosque en el otoño.
4. Las hermanas miran las flores en la primavera.

Práctica
A.
1. Mi padre prefiere el invierno.
2. A mi hermano, Scott, que tiene 17, le gusta dar un paseo por el bosque.
3. Cuándo tomamos vacaciones?
4. De vez en cuando también damos un paseo en el invierno y la primavera.

B.
1. I am 20 years old.
2. He likes the colors of autumn (orange, red, yellow, and brown).
3. Me too! Janine and I love the beautiful flowers.
4. In June, July and August we often go to the beach.

C.
1. the	2. an	3. some	4. the
5. a	6. a	7. the	8. the
9. some	10. a		

Capítulo 8

Práctica

3. a) Ron
   b) the father
	4. a) Sophia
	   b) the mother
		7. a) Albert
		   b) the father-in-law
			6. a) Helen
			   b) the mother-in-law

5. a) Andrea
   b) the wife
	1. a) Patrick
	   b) the brother
		2. a) Morgan
		   b) the sister-in-law
			8. a) Natalie
			   b) the daughter

T/F
1. F   2. F   3. T   4. F   5. T   6. T   7. F

Adjetivos
1. Andrea   2. Sophia   3. Peter
4. Natalie   5. Peter

1. the tall woman   2. the short daughter   3. the handsome man
4. the beautiful grandmother   5. the intelligent niece   6. the intelligent fathers

Adjetivos posesivos
1. my   2. his   3. her   4. your   5. their   6. your   7. my   8. their
9. his   10. our

Capítulo 9

Do you understand?
1. Lisa is cold.
2. Lisa is in Alaska.
3. It's raining inQuito.
4. She works everyday except Sunday.
5. She wants to visit Alaska in the summer.

Práctica

Lisa (the daughter)	Mother
2, 3, 5, 7, 8	1, 4, 6

Práctica
What's the weather like?

1. it is hot   2. it rains a lot   3. the weather is horrible
4. it snows   5. it is windy   6. it is humid   7. it's a beautiful day

Práctica y Repaso
1. summer   2. cold   3. a lot   4. here   5. spring

Capítulo 10

Do you understand?

1. F   2. T   3. F   4. F   5. T

What time is it?

1. d. 5:30   2. e. 9:47   3. a. 10:15   4. c. 11:38   5. b. 4:55

Capítulo 11:

Do you understand?
1. D   2. C   3. E   4. B   5. A

Práctica
1. in   2. on   3. on   4. behind   5. under   6. next to

Ejemplos de frases:

1. There is a book (a novel) on the rug.

2. The dog is on the rug.

Capítulo 12

Parejas
1. f   2. e   3. d   4. a   5. c   6. b

Práctica
1. called   2. talked   3. played   4. watched
5. swam   6. went

Capítulo 13

Práctica: Vocabulario de la Comida

Across: Down:
3. beverage   1. ice cream
5. eggs   2. pineapple
8. carrots   4. vegetables
10. chicken   6. french fries
11. bread   7. rice
12. strawberries   8. cake
13. dessert   9. milk
15. cheese   14. meat

True o false?
1. T   2. T   3. F – he ordered white wine   4. F – he's having salmon   5. F – he wants vanilla

Capítulo 14

Yes or No?
1. yes
2. yes
3. no (it's at Sarah's house)
4. no (it's her fortieth)
5. yes

Práctica
1. c
2. f
3. g

4. a
5. h
6. b
7. e
8. d

Capítulo 15

Do you understand?
1. ____ George buys a pink shirt.
2. √ Mary likes the skirt.
3. ____ George puts on a raincoat.
4. √ George and Mary are going to Hawaii.
5. ____ George says that the yellow dress is too small.

What is she putting on?

1. Slippers
2. Socks
3. Hat
4. Underwear
5. Bathing Suit
6. Blouse

Respuesta: She's putting on a blue dress.

Capítulo 16

Do you understand?
1. c   2. g   3. e   4. a   5. f   6. b   7. d

Parejas: Verbos
1. d   2. a   3. e   4. f   5. h   6. g   7. b   8. i   9. c

GLOSARIO

inglés-español

A

afternoon – la tarde
afterward – después
again – de nuevo
age – de edad
already – ya
all – todo/a
almost – casi
also – también
amazing – asombroso
to appear – aparecer
appetizer – el antojito
apple – la manzana
to appreciate – apreciar
April – abril
arm – el brazo
artist – artisto/a
to arrive – llegar
to ask – preguntarse
to ask for – pedir
August – agosto
aunt – la tía
autumn – el otoño

B

back – la espalda
bad – mal(o)
bakery – la panadería
bananas – las bananas
to be – estar
to be – ser (irreg.)
beach – la playa
beautiful – bello/a
bed – la cama
beer – la cerveza
to begin – empezar a
best – mejor
between – entre
beverage – la bebida
big – grande
black – negro
blazer – la chaqueta deportiva
blouse – la blusa
blow-out – el reventón
blue – azul
body – el cuerpo
boots – las botas
bored – aburrido/a
boss – el jefe
both – por los dos (for)
bottle – la botella
box – la caja
boy – el niño
boyfriend – el novio
brassière – el sostén
bread – el pan
to breakfast – desayunar
breakfast – el desayuno
bridge – el puente
to bring traer
brother – el hermano
brown – marrón
business – el negocio
busy – ocupado/a
but – pero

C

cake – la torta
to be called – llamarse
candy – los dulces
car – el coche
cards – los naipes
carrots – las zanahorias
cat – el gato
celery – el apio
Certainly! – ¡Claro que sí!
chair – la silla
to charm – encantar
Cheers! – ¡Salud!
cheese – el queso
cherries – las cerezas
chest – el pecho
chicken – el pollo
city – la ciudad
clerk – el dependiente
to climb up – subir
close – íntimo
closed – cerrado/a
clothing – la ropa
coat – el abrigo
coconut – el coco
coffee – el café
cold – frío
cold, illness – el resfriado
to come – venir (ie)
to come up – presentarse
to come back – regresar
comfortable – cómodo/a
computer programmer el/la programador/a
to cook – cocinar
country – el país
countryside – el campo
to cross – cruzar

D

Darn! – ¡Caramba!
daughter – la hija
day – el día
dear – querido/a
December – diciembre

E

ear – la oreja
early – temprano
to eat – comer
eggs – los huevos
eight – ocho
eighteen – dieciocho
eighth – octavo (8vo)
eighty – ochenta
elbow – el codo
eleven – once
to enter – entrar
even – aun
Excuse me! – ¡Perdón!
exhausted – agotado/a
eye – el ojo

F

facing – frente a
far from lejos de
father – el padre
father-in-law – el suegro
fear – el miedo
February – febrero
to feel – sentirse
fifteen – quince
fifth – quinto (5to)
fifty – cincuenta
finger – el dedo
Fire! – ¡Incendio!
first – primero (1ro)
fish – el pescado
five – cinco
floor – el piso
flower(s) – la(s) flor(es)
to fly – volar

food – la comida
foot – el pie
forty – cuarenta

dessert – el postre
dinner – la cena
doctor – medico/a
dog – el perro

fourteen – catorce
fourth – cuarto (4to)
frankly – francamente
free – libre
fresh – fresca
freshly baked recién horneado
Friday – viernes
friend – el/la amigo/a
from/of – de
fruit – la fruta
funny – gracioso/a

G

garden – el jardín
to get lost – perderse
to get up – levantarse
girl – la niña
girlfriend – la novia
to give – dar (irreg.)
glass – la copa
gloves – los guantes
to go – ir (irreg.)
to go bad – pasarse
to go; to walk – andar
granddaughter – la nieta
grandfather – el abuelo
grandmother – la abuela

grandson – el nieto
gray – gris
green – verde

H

hair – el pelo
half – media
ham – el jamón
hand – la mano
handsome – guapo/a
happy – contento/a
to have – tener (irreg.)
he/ it, masculine – él
head – la cabeza
health – la salud
hello – hola
to help – ayudar
Help! – ¡Socorro!
here – aquí
highway – la carretera
his/hers – su/s
hot – caluroso
house – la casa
how – como
how much – cuanto
however – sin embargo
hunger – hambre
to hurt – doler (ue)
husband – el esposo
humid – húmedo/a

I

I – yo
ice cream – el helado
if – sí
in fact – de hecho
in other words – en otras palabras
incredible – estupendo
inside – dentro de
It was great! ¡Fue estupendo!

J

jacket – la chaqueta
January – enero
July – julio
June – junio

just – sólo

K

keyboard – el teclado
knee – la rodilla
to know – conocer

L

last night – anoche
late – atrasados
late – tarde
to learn – aprender
to leave – salir
left – la izquierda
legs – las piernas
let's see – A ver
life – la vida –
likewise – igualmente
little – poco
to live – vivir
long (length) – largo
love – el amor
to love – encantarse
luck – la suerte
to lunch – almorzar (ue)
lunch – el almuerzo

M

man – el hombre
map – el mapa
March – marzo
to marry – casarse
May – mayo
maybe – tal vez
meat – la carne
Me too! – ¡Yo también!
meeting – el reunión
midnight – la medianoche
milk – la leche
Miss – Señorita /Srta.
Monday – lunes
month – el mes
more – más
morning – la mañana
mother – la madre

≠≠≠

N

nearby – cerca de
neck – el cuello
need – necesitar
nephew – el sobrino
never – nunca
next to – al lado de
Never mind! ¡No importa!
nice – amable
nice – simpático/a
niece – la sobrina
night – la noche
nine – nueve
nineteen – diecinueve
ninety – noventa
No way! – ¡No me digas!
noon – el mediodía
nose – la nariz
November – noviembre
now – ahora

O

October – octubre
Of course not! ¡Claro que no!
Of course! – ¡Por supuesto!
often – a menudo
okay – bien
old – viejo/a
omelet – la tortilla española
on sale – en venta
on the other side of – al otro lado (de)
one – uno
one hundred – cien
one's own – propio/a
one-way – de ida
onion – la cebolla
open – abierto
orange – anaranjado/a
orange – la naranja
our – nuestro/a (os/as)
outdoors – al aire libre
outside – afuera

oven – el horno
owner – el dueño

P

pajamas – el pijama
pants – los pantalones
parents – los padres
Pardon me? – ¿Cómo?
park – el parque
party – la fiesta
to pass – pasar
past – pasado/a
pasta – los espaguetis
to pay – pagar
peas – los guisantes
pen – el bolígrafo
people – la gente
pie – el pastel
pineapple – la piña
pink – rosado/a
plane – el avión
plate – el plato
to play (instrument) – tocar
to play (sport) – jugar (ue)
to please – gustar
please – por favor
Police! – ¡Policía!
poor – pobre
portable – portátil
to prefer – preferir (ie)
pretty – lindo/a
purse, handbag – la bolsa
to put – poner

Q

quarter – cuarto
quiche – la tarta
quick-tempered – colérico/a

R

race – la carrera
rain – la lluvia
to rain – llover
raincoat – el

impermeable
to read – leer
ready – listo/a
Really? – ¿De veras?
to receive – recibir
red – rojo/a
to relax – relajar
to rent – alquilar
to respond – responder
to return – volver (ue)
rice – el arroz
right – el derecho
to run – correr

S

sad – triste
salad – la ensalada
same – mismo/a
scarf – la bufanda
season – la estación
second – segundo (2do)
to send – mandar
September – septiembre
to serve – servir

seven – siete
seventeen – diecisiete
seventh – séptimo (7mo)
seventy-one – setenta y uno
seventy-two – setenta y dos
she/ it, feminine – ella
shoes – los zapatos
short – la camisa
short, length – corto/a
short, person – bajo/a
shoulder – el hombro
shrimp – los camarones
sick – enfermo/a
Sir or Mr. – Señor /Sr.
sister – la hermana
sister-in-law – la cuñada
to sit – sentarse
six – seis
sixteen – dieciséis
sixth – sexto (6to)
sixty – sesenta
size – tamaño

to ski – esquiar
skirt – la falda
sleep – el sueño
to sleep – dormir (ue)
slippers – las pantuflas
slowly – lentamente
small – pequeño/a
snow – la nieve
to snow – nevar
so – por eso
soccer – el fútbol
socks – los calcetines
soft – suave
someone alguien
something – algo
sometimes – a veces
son – el hijo
soup – la sopa
spider – la araña
to spill – derramar
sport; game – el deporte
Spring – la primavera
stamps – las estampillas
star – la estrella
state – el estado
to stay – quedarse
steak – el bistec
to steal – robar
still – todavía
stockings – las medias
stomach – el estómago
to stop (motoring) – pararse
strawberries – las fresas
street – la calle
stylish – de moda
suit – el traje
suitcase – la maleta
summer – el verano
sunny – soleado
Sunday – domingo
Sure! – ¡Seguro!
to surprise – sorprender
sweater – el suéter
to swim – nadar

T

to take – tomar
tall, person – alto/a

tea – el té
teacher – el/la maestro/a
teeth – los dientes
to telephone – llamar
ten – diez
tennis shoes – los zapatos de tenis
tenth – décimo (10mo)
thank you – gracias
that – ese/a
that (thing) over there (neuter) – aquello
that (thing, neuter) – eso
that one – ése/a
that one over there – aquél/la
that over there – aquel/la
That's cool! – ¡Chévere!
That's enough! ¡Basta!
their – su/s
then – luego
there is/there are – hay
there, (over) – allá
these – estos/as
these ones – éstos/as
they, feminine – ellas
they, masculine – ellos
Thief! – ¡Ladrón!
to think – creer
to think – pensar (ie)
third – tercero (3ro)
thirst – la sed
thirteen – trece
thirty – treinta
this – este/a
this one éste/a
those – esos/as
those ones – ésos/as
three – tres
throat – la garganta
Thursday – jueves
ticket – el billete
ticket – el boleto
tie, neck/bowtie – la corbata
time – la hora
tired – cansado/a
to y'all (vosotros) – os

to you (tú) – te
today – hoy
toes – los dedos del pie
together – junto/a
tomato – el tomate
tomorrow – mañana
a ton – un montón
too (much) – demasiado
Too bad! – ¡Qué lástima!
track – el andén
train – el tren
to travel caminar
to travel – viajar
trip – el viaje
true – cierto
truth – la verdad
Tuesday – martes
twelve – doce
twenty – veinte
twenty-eight – veintiocho
twenty-five – veinticinco
twenty-four – veinticuatro
twenty-nine – veintinueve
twenty-one – veintiuno
twenty-seven – veintisiete
twenty-six – veintiséis
twenty-three – veintitrés
twenty-two – veintidós

U

U.S.A. – los estados unidos
uncle – el tío
underpants – los calzoncillos
undershirt – la camiseta
upset – trastornado/a
upstairs – arriba

V

vegetables – las verduras
very – muy

W

to wake up – despertarse
to wait – esperar
walk – el paseo
to walk – caminar
to want – querer (ie
to wash (oneself) – lavarse
to watch – mirar
water – la agua
we – nosotros/as
weather – el tiempo
to wear – llevar
Wednesday – miércoles
weekend – el fin de semana
weight – el peso
well – pues
what – que
when – cuando
where – dónde
while – mientras
white – blanco/a
who – quien
wife – la esposa
to win – ganar
window – la ventana
windy – ventoso
wine – el vino
winter – el invierno
with – con
with me – conmigo
woman – la mujer
word – la palabra
work – el trabajo

Y

year – el año
to yell – gritar
yellow amarillo/a
yes – sí
yesterday – ayer
you (plu., for.) – ustedes/Uds.
you (sing., fam.) – tú
you (sing., for.) – usted/Ud.
you're welcome – de nada
young – joven
your (familiar) – tu/s

Z

zero – cero

español–inglés

A

a menudo – often
a veces – sometimes
A ver – let's see

abierto – open
el abrigo – coat
abril – April
abuela – grandmother
abuelo – grandfather
aburrido/a – bored
¡Adelante! – Come in!
¡Adiós! – Good-bye!
agosto – August
agotado – exhausted
la agua – water
ahora – now
al aire libre – outdoors
al lado de – next to
la alfombra – rug
algo – something
alguien – someone
allá – (over) there
el almuerzo – lunch
alquilar – to rent
alto – tall, person
amable – nice
amarillo/a – yellow
el/la amigo/a – friend
el amor – love
anaranjado – orange
andar – to go; to walk
andén – track
anoche – last night
el antojito – appetizer
el año – year
apañarse – to make do
el apio – celery
apreciar – to appreciate
aprender – to learn
aquél/la – that one over there
aquel/la – that over there
aquello – that (thing) over there (neuter)
aquéllos/as – those ones over there
aquellos/as – those over there
aquí – here
la araña – spider
el arroz – rice
así – so
asombroso/a – amazing
asustado/a – scared
atareadísimo/a – swamped
aun – even
el avión – plane
ayer – yesterday
ayudar – to help
azul – blue

B

bajar – to take down
bajo – short, person
las bananas – bananas
¡Basta! – That's enough!

la bata – dressing gown
la bebida – beverage
bello/a – beautiful
bien – okay

el bistec – steak
blanco/a – white
la blusa – blouse
la boca – mouth
el boleto – ticket
el bolígrafo – pen
la bolsa – purse
el bosque – forest; woods
las botas – boots
la botella – bottle
el brazo – arm
buen(o) – good
la bufanda – scarf
bularse de – to make fun of
buscar – to look for

C

la cabeza – head
el café – coffee
la caja box – cash box
los calcetines – socks
calor – heat
la calle – street
los calzoncillos – underpants
la cama – bed
los camarones – shrimp
caminar – to travel
la camisa – shirt
la camiseta – undershirt
el campo – countryside
canoso – gray-haired
cansado – tired
¡Caramba! – Darn!
la carne – meat
la carrera – race
la carretera – highway
la casa – house
casarse – to get married
castaño – brown
catorce – fourteen
la cebolla – onion
celebrar – to celebrate
la cena – dinner
cerca de – nearby
las cerezas – cherries
cero – zero
cerrado – closed
la cerveza – a beer
cien – one hundred
cinco – five
cincuenta – fifty
el cine – movies

¡Claro que no! – Of course not!
¡Claro que sí! – Certainly!
el coche – the car
cocinar – to cook
el codo – elbow

colérico – quick-tempered
comer – to eat
la comida – food
¿Cómo? – Pardon me?
comprender – to understand
con – with
conducir – to drive
conmigo – with me
conocer – to know
contento/a – happy
la copa – glass
la corbata – neck tie/bowtie
correr – to run
corto – short, length
creer – to think
cruzar – to cross
cual – which
cuando – when
cuanto – how much
¿Cuánto cuesta? – How much is it?
cuarenta – forty
cuarto – quarter
cuarto (4to) – fourth
cuatro – four
el cuello – neck
el cuerpo – body
la cuñada – sister-in-law
el cuñado – brother-in-law

Ch

los champiñones – mushrooms
la chaqueta – jacket
la chaqueta deportiva – blazer
¡Chévere! – That's cool!
el año – year

D

dar (irreg.) to give
de – from/of
de edad – age
de hecho – in fact
de ida – one-way
de ida y vuelta – round-trip
de moda – stylish
de nada – you're welcome
¡De ninguna manera! – No way!
de nuevo – again
décimo (10mo) – tenth
decir (irreg.?) to say
el dedo – finger
los dedos del pie – toes
demasiado – too (much)
el deporte – sport; game
el derecho right
derramar – to spill
desayunar – to eat breakfast
el desayuno – breakfast
despertarse to wake up
después – afterward

el día – day
diciembre – December
diecinueve – nineteen
dieciocho – eighteen
dieciséis – sixteen
diecisiete – seventeen
los dientes – teeth
diez – ten
divertido/a – fun, entertaining
el bosque – forest; woods
las botas – boots
domingo – Sunday
donde – where
dormir (ue) – to sleep
dos – two
el dueño – owner
los dulces – candy

E

él – he/ it, masculine
el – the, masculine
ella – she/ it, feminine
ellas – they, feminine
ellos – they, masculine

empezar – to begin
en – in, on
en mi opinión – in my opinion
En otras palabras – in other words
en venta – on sale
encantarse – to love
enero – January
enfermo/a – sick
la ensalada – salad
entrar – to enter
ese/a – that
ése/a – that one
eso – that (thing, neuter)
esos/as – those
ésos/as – those ones
los espaguetis – pasta
la espalda – back
español/a – Spanish (lang.)
esperar – to wait

la esposa – wife
el esposo – husband
esquiar – to ski
la estación – season
el estado – state
los estados unidos – U.S.A.
course not
este/a – this
éste/a – this one
el estómago – stomach
esto – this (thing, neuter)
estos/as – these
éstos/as – these ones
¡Estoy harto! – I've had enough!
la estrella – star

F

la falda – skirt
febrero – February
¡Feliz cumpleaños! – Happy Birthday!
el fin de semana – weekend

la(s) flor(es) – flower(s)
francamente – frankly
frente a – facing
las fresas – strawberries
fresco/a – fresh
frío – cold
la fruta – fruit
¡Fue estupendo! – It was great!
el fútbol – soccer

G

ganar – to win
la garganta – throat
la gente – people
gracias – thank you
gracioso/a – funny
grande – big; large
gris – gray
los guantes – gloves
guapo – handsome
los guisantes – peas
gustar – to please

H

hablar – to speak
hacer – to make/to do
hambre – hunger
¡Hasta luego! – see you later
hay – there is/there are
el helado – ice cream
la hermana – sister
el hermano – brother
la hija – daughter
el hijo – son
hola – hello
el hombre – man
el hombro – shoulder
la hora – the time
el horno – oven
hoy – today
los huevos – eggs
húmedo/a – humid

I

igualmente – likewise
el impermeable –

raincoat
¡Incendio! – Fire!
inglés – English (lang.)
intentar – to try
íntimo – close
el invierno – winter
ir (irreg.) – to go
la izquierda – left

J

el jamón – ham
el jardín – garden
el jefe – boss
joven – young
jueves – Thursday
jugar (ue) – to play (sport)
los juguetes – toys
julio – July
junio – June
junto/a (os/as) – together
doce – twelve
doler (ue) – to hurt

L

la – the, feminine
¡Ladrón! – Thief!
largo – long, length
la leche – milk
le – to him/her/it/you
leer – to read
lejos de – far from
lentamente – slowly
les – to them/you (Uds.)
libre – free
lindo/a – pretty
listo/a – ready
lo/la – it
luego – then
lunes – Monday

LL

llamar – to telephone
llamarse – to be called
llegar – to arrive
llevar – to wear
llover – to rain

la lluvia – rain

M

la madre – mother
el/la maestro/a – teacher
mal(o) – bad
la maleta – suitcase
mandar – to send
mandar – correo electrónico – send e-mail
la mañana – morning
la mano – hand
la manzana – apple
el mapa – map
marrón – brown
martes – Tuesday
marzo – March
las estampillas – stamps
estar – to be
mayo – May
me – to me
media – half
las medias – pantyhose
la medianoche – midnight
medico/a – doctor
el mediodía – noon
mejor – better
el mes – month
mi/s – my
el miedo – fear
miércoles – Wednesday
mirar – to watch
mismo/a – same
un montón – a ton
mucho – a lot
la mujer – woman
muy – very

N

nadar – to swim
los naipes – cards
la naranja – orange
la nariz – nose
nevar – to snow
necesitar – to need
el negocio – business

negro – black
la nieta – granddaughter
el nieto – grandson
la nieve – snow
la niña – girl
el niño – boy
¡No importa! Never mind!
¡No me digas! – No
la noche – night
nos – to us
nosotros/as – we
noveno (9no) – ninth
noventa – ninety
noventa y cinco – ninety-five
noviembre – November
nuestro/a (os/as) – our (s)
nueve – nine

nunca – never

O

ochenta – eighty
ocho – eight
octavo (8vo) – eighth
octubre – October
ocupado(a) – busy
el ojo eye
¡Olvídalo! – No way!
once – eleven
la oreja – ear
os – to y'all (vosotros)
el otoño – autumn

P

el padre – father
los padres – parents
el país – country
pagar to pay
la palabra – word
el pan – bread
la panadería – bakery
los pantalones – pants
los pantalones cortos – shorts
las pantuflas – slippers
las papas fritas – French fries
pararse – to stop motoring
pasado – past
el paseo – walk; stroll
el pastel – pie
el pecho – chest
pedir – to ask for
la película – movie
el pelo – hair
pensar (ie) – to think
pequeño – small
perderse – to get lost
¡Perdón! – Excuse me!
pero – but
el pescado – fish
el peso – weight
el pie – foot
las piernas – legs
el pijama – pajamas
la piña – pineapple
el piso – floor
el plato – plate
la playa – beach
pobre – poor
poco – little
poder – to be able
¡Policía! – Police!
el pollo – chicken
poner – to put
por eso – so
por favor – please
por lo menos – at least
por los dos – (for) both
¡Por supuesto! – Of course!
el postre – dessert
preferir (ie) – to prefer
preguntarse – to ask
presentarse – to come up
la primavera – Spring
primero (1ro) – first
primero/a first
el/la programador/a computer programmer
propio/a – one's own
el próximo – next
el puente – bridge
pues – well
marzo – March

más – more

Q

que – what
¡Qué bárbaro! – Bummer!
¡Qué bien! – How neat!
¡Qué lástima! – Too bad!
Quedarse – to stay
querer (ie) – to want
querido/a – honey
el queso – cheese
quien – who
quince – fifteen
quinto (5to) – fifth

R

recibir – to receive
recién horneado – fresh baked
regresar – to come back
el resfriado – cold, illness
responder – to respond
la reunión – meeting
el reventón – blow-out
robar – to steal
la rodilla – knee
rojo/a – red
la ropa – clothing
rosado/a pink
el ruido – noise

S

sábado – Saturday
salir – to leave
¡Salud! – Cheers!
la salud – health
segundo (2do) – second
la sed – thirst

Señora/Sra. – Ma'am or Mrs.
Señorita /Srta. – Miss
sentarse – to sit

sentirse – to feel
septiembre – September
séptimo (7mo) – seventh
ser (irreg.) – to be
servir – to serve
sesenta – sixty
setenta – seventy
setenta y dos – seventy-two
setenta y uno – seventy-one
sexto (6to) – sixth
sí – yes
si – if
siete – seven
la silla – chair

simpático/a – nice
sin embargo – however
la sobrina – niece
el sobrino – nephew
¡Socorro! – Help!
el sol – sun
sólo – just
el sombrero – hat
la sopa – soup
sorprender – to surprise
el sostén – brassière
subir – to climb up
la suegra – mother-in-law
el suegro – father-in-law
el sueño – sleep
la suerte – luck
el suéter – sweater

T

tal vez – maybe
pasado mañana – day after tomorrow
pasar – to pass
tarde – late
la tardes – afternoon
las tarjetas postales – postcards
la tarta – quiche
te – to you (tú)
el té – tea

el teclado – keyboard
teclear – to type
temprano – early
tener (irreg.) – to have
tercero (3ro) – third
la tía – aunt
el tiempo – weather
el tío – uncle
tocar – to play (instrument)
todo/a – every; all
tomar – to take
el tomate – tomato
la torta – cake
la tortilla española – omelet
el trabajo – work
traer – to bring
el trago – drink
el traje – suit
el traje de baño – bathing suit
trastornado/a – upset
trece – thirteen
treinta – thirty
treinta y uno – thirty-one
treinta y dos – thirty-two
el tren – the train
tres – three
triste – sad
tú – you, sing., fam.
tu/s – your (familiar)

U

un/una – a, masc./fem.
uno – one
usted/Ud. – you, sing.

V

veinte – twenty
veinticinco – twenty-five
veinticuatro – twenty-four
veintidós – twenty-two
veintinueve – twenty-nine

veintiocho – twenty-eight
veintiséis – twenty-six
veintisiete – twenty-seven
veintitrés – twenty-three
veintiuno – twenty-one
venir (ie) – to come
¡Ven aquí! – Come here!
la ventana – window
el verano – summer
la verdad – truth
verde – green
las verduras – vegetables
el vestido – clothing
viajar – to travel
el viaje – trip
la vida – life
viejo/a – old
viento – wind
viernes – Friday
el vino – wine
virar – to turn around
vivir – to live
volar – to fly
volver (ue) – to come
vosotros/as – you, plu.,fam.

Y

ya – already
¡Yo también!/¡A mí también! – Me too!

Z

las zanahorias – carrots
los zapatos – shoes
los zapatos de tenis – tennis shoes

LOS ESTADOS UNIDOS: TIERRA DE CONTRASTES

Si viajas un poco por los Estados Unidos, ¡vas a ver una variedad asombrosa de diferencias regionales! Esto es cierto ambos en la geografía y en la "personalidad" de la región. Se pueden identificar 14 zonas geológicas diferentes en los EEUU, 12 en los estados continentales. Puedes considerar el tipo de clima y de paisaje que mejor te guste, y los negocios o sitios históricos que te interesen, y después escoger la región perfecta para ti. O por supuesto, si te encanta la variedad, ¡puedes visitar varias regiones!

Los españoles llegaron muy temprano al sureste de los EEUU, en el área que hoy es el estado de Florida. Florida y los estados cercanos tienen muchos lugares de interés histórico. En Miami y otras partes de Florida hay una comunidad hispana muy grande, lo que se refleja en la cultura y también la arquitectura. ¿Cómo es el tiempo? Pues, si te gusta mucho sol y también una cantidad suficiente de lluvia, Florida te quedará bien. Hace calor por lo general, más en el sur del estado (por supuesto), y hay partes muy húmedas. Además hay maravillas de la naturaleza que ver, particularmente en las islas al sur del estado (las famosas "Keys"); la vegetación es de estilo tropical, y hay varios animales y pájaros raros. ¡Y claro que se conocen bien las playas bonitas de Florida!

Otros estados en el Golfo de México son Alabama, Mississippi, Louisiana, y Texas. Aunque el estado de Louisiana (con la ciudad bellísima de New Orleans) no está muy lejos de Florida geográficamente (y el tiempo es semejante), ofrece una identidad cultural e histórica bastante diferente. Había mucha colonización de esta área por parte de los franceses, lo que se ve en la arquitectura de las partes viejas de New Orleans. La descendencia francesa también se muestra en las fincas elegantes del período "antebellum" (antes de la Guerra Civil), y ha dejado su marca en la lengua, la música, y la comida. Particularmente interesante en este respeto es la cultura "Cajun" del área, pero hay otros segmentos fascinantes de la población, también. Si te interesa la música, ¡sabes que New Orleans es famosa por su música Jazz!

Un poco más al norte, vas a encontrar los estados de Arkansas (de donde vino el Presidente Clinton), Tenessee (hogar de Nashville y la música "Country") y Kentucky (conocido por sus montañas bellas y su música "Bluegrass"). Al lado este de Kentucky queda West Virginia, y en la costa los estados de Virginia y los Carolinas (North y South). Todos estos estados también se consideran parte del "South" y tienen unas características históricas y culturales en común. ¡Esta región es muy interesante! Hay rasgos de la colonización por los españoles, los franceses y los ingleses, y también se ve evidencia de las culturas indígenas que habitaban el área antes de la llegada de los europeos.

Por todo el sudeste de los EEUU, hay sitios históricos relacionados a la Guerra Civil del país, que ocurrió en 1861-65. En esa guerra se les mató a más de 60,000 soldados, y hasta hoy día la Guerra Civil ha tenido efectos profundos en el desarrollo de los Estados Unidos. Fue un conflicto con varios motivos (incluso la cuestión de esclavitud) entre el

Sur agricultural y el Norte industrial; el Norte ganó. Se cree que una de las razones por la victoria del Norte fue su superioridad industrial, y aun hoy el nordeste del país tiene muchos de los centros industriales importantes. Claro que New York (la cuidad tanto como el estado) tiene un aspecto industrial, por ejemplo en la producción de prendas y telas y en el comercio internacional. Detroit (en Michigan) se conoce como centro de la industria automóvil, y hay varias ciudades en el área de Pittsburgh (Pennsylvania) que tienen fábricas de acero hace más de cien años.

Otros estados en el nordeste de los EEUU incluyen Maryland, Delaware, Connecticut, Rhode Island, Massachussets, New Hampshire, Vermont, y Maine. Estos estados son relativamente pequeños, pero tienen mucho que ofrecer. Hay bosques viejos y bellos, playas rocosas o arenosas, pueblos pintorescos con gran sabor de pesca, y también unos centros de producción y tecnología. Por aquí, como por casi todas las regiones de los EEUU, había muchos tribus indígenas. De hecho, aunque unas de las gentes indígenas atacaban periódicamente a los colonos europeos, muchas los ayudaban. Su ayuda era particularmente importante para sobrevivir los inviernos severos del nordoeste; la tradición del Día de acción de Gracias viene de una gran comida histórica para la que los indígenas les proporcionaron los alimentos a los colonos.

El tiempo en el nordeste y en los estados centrales del país es más variado que el del sudeste. Aunque hace calor en el verano, puede hacer mucho frío en el invierno, con nevadas dramáticas. En esas regiones hay también una primavera y un otoño muy distintos, con una abundancia de flores bellas en la primavera y árboles hojeados de colores fantásticos en el otoño (particularmente por la sierra Allegheny, que atraversa varios estados del nordeste). Hay unas aguas que afectan mucho el tiempo en el este y el nordeste; muchos estados dan al Océano Atlantico, y en el norte los Great Lakes, por su tamaño enorme, tienen mucho que ver con el tiempo regional.

Estas aguas afectan más que el tiempo. También ofrecen varias maneras de ganarse la vida y de divertirse, y una variedad de vida marina que se incorpora en las comidas locales. En el verano en particular, ¡se comen muchos cangrejos y langostas en la costa nordeste!

Por la parte central del país, donde se localizan muchas granjas y haciendas, los platos locales suelen basarse más en la carne de res o de cerdo y en los productos lácteos. En las orillas de los Great Lakes se ve Ohio, Michigan, Indiana, Illinois, Wisconsin y Minnesota. Entre otros productos, unos de los mejores quesos vienen de esta área. Los Great Plains (Grandes Llanos) se extienden por el centro del país; cubren los estados de North y South Dakota, Nebraska y Kansas, y partes de Montana, Wyoming, Oklahoma, y Texas. (Al oeste de los Great Plains está la cordillera de las Rockies.) En el norte de esta zona, particularmente en Montana, Wyoming y los Dakotas, los inviernos suelen ser extremísimos, con mucha nieve y temperaturas muy bajas. Por todos los Great Plains hay muchos sitios de interés histórico, relacionados a las fascinantes culturas indígenas de los llanos y también a la expansión al oeste de los colonizadores europeos.

El suroeste de los EEUU es otra área que muestra mucha influencia de las culturas indígenas. A la vez, se ve una influencia marcada de la cultura hispana; hay muchas comunidades de gente hispana por todo el suroeste y Texas. El estado de Texas, en el sur central del país, es muy grande y su paisaje es bastante variado. Hay desiertos y regiones lluviosas, colinas ondulantes y pantanales, bosques y ríos, y aun áreas donde nieva en el invierno. Al oeste, en Arizona y New Mexico, el clima es muy árido. En estos estados se ven unas formaciones de piedra que son increíbles en sus colores vivos y formas complejas y delicadas.

Un poco más al norte, los desiertos de Nevada y Utah dan paso a las Rocky Mountains. Hay que ver el Great Salt Lake en Utah, que (como indica su nombre) es un lago salado enorme. ¡En las montañas hay lugares fantásticos en que esquiar! ¿Tal vez has oído hablar de Sun Valley, Idaho o de Jackson Hole, Wyoming? Colorado también se conoce por sus "resorts" de esquí. Ambos las montañas y los desiertos son bellísimos. Cuando se habla del "Wild West" histórico, se refiere a estos estados (menos Idaho) y también a partes del suroeste. En algunas áreas hay "Ghost Towns", pueblos abandonados del Oeste de antaño.

Por supuesto, los estados de la costa del Pacífico también le ofrecen muchas atracciones al visitante. Hay el océano en sí con sus olas vastas y sus playas variadas, de las de arena suave y blanca en el sur de California a las escarpas dramáticas e impresionantes de Oregon y Washington. California en particular muestra las huellas de la colonización española, en su cultura tanto como en su arquitectura y los nombres de sus calles y ciudades. Como se puede esperar, muchas de las comidas típicas de California, el suroeste y Texas tienen raíces hispanas; en ciertos lugares éstas se han mezclado con las tradiciones culinarias de las culturas indígenas. ¡No es nada difícil comer bien por estas regiones!

En el noroeste del país, la sierra Cascade divide la tierra en dos zonas climáticas distintas. Al oeste de las montañas el clima es muy templado y llueve bastante; de hecho hay unas partes de esta región que se clasifican como bosque lluvioso templado. Por otro lado, al este de las Cascades el clima es mucho más seco. Hace sol mucho más que en el oeste; por eso y por otras ventajas de clima, se encuentran varias granjas en el este. Esa área se conoce bien por sus manzanas sabrosas de muchas variedades, aunque se crecen otros productos también.

Como en muchas partes de los Estados Unidos, hay varias comunidades indígenas en el noroeste y se ven signos de eso en la cultura local. El arte, la comida, y el idioma muestran la gran presencia historica de los indígenas del área. Si visitas el noroeste, debes probar el salmón, una especialidad local. Muchos restaurantes lo preparan en el estilo tradicional indígena, "char-grilled", que quiere decir asado sobre un fuego abierto. ¡Es de saborear! Una peculiaridad culinaria del noroeste (y verdaderamente de toda la costa oeste) es que se toma muchísimo

café, a menudo en bebidas muy elaboradas con varias sabores y especificaciones. Por ejemplo, se puede oír a alguien pidiendo "a tall double decaf non-fat raspberry mocha". ¡Qué trabalenguas!

Y no se debe olvidar de Alaska y Hawaii, los dos estados más recientes. ¡Los dos son muy diferentes! En Alaska, muy al norte, nieva la mayoría del año y hace mucho frío; en Hawaii, mucho más al sur en el Océano Pacífico, hace calor generalmente, llueve a menudo, y es muy tropical. Aunque mucha de la población de ambos Alaska y Hawaii es de raíz indígena, en Alaska son eskimos y en Hawaii son polinesios. Los dos tienen mucha riqueza natural, pero de tipos distintos. En Alaska hay áreas vastas de tundra helada y glaciares, pobladas por renos, osos polares, pingüinos, focas árticas, lobos árticos, y otros animales y pájaros particulares a la región. En cambio, Hawaii ofrece peces y corales tropicales y pájaros de colores vivos que adornan sus selvas, volcanes, y playas bellísimas. Toda isla es un poco distinto de los otros; unos tienen playas de arena blanca con cocoteros y otros playas de arena negra o de piedras. ¡Es probable que sepas que Hawaii es famoso por sus olas perfectas para hacer surf! Es interesante que tanto Alaska como Hawaii es un destino favorito de los cruceros.

Como puedes imaginar, ¡visitar todos los estados puede tomar años! Hay mucho que ver y experimentar. No importa el tipo de ambiente que mejor te guste, vas a encontrar por lo menos una parte de los Estados Unidos que te agrada. Y es muy probable que, al ver una parte de los EEUU, la curiosidad te vaya a empujar a visitar otras partes también y disfrutar de la variedad que ofrece este país. ¡Bienvenidos y buen viaje!

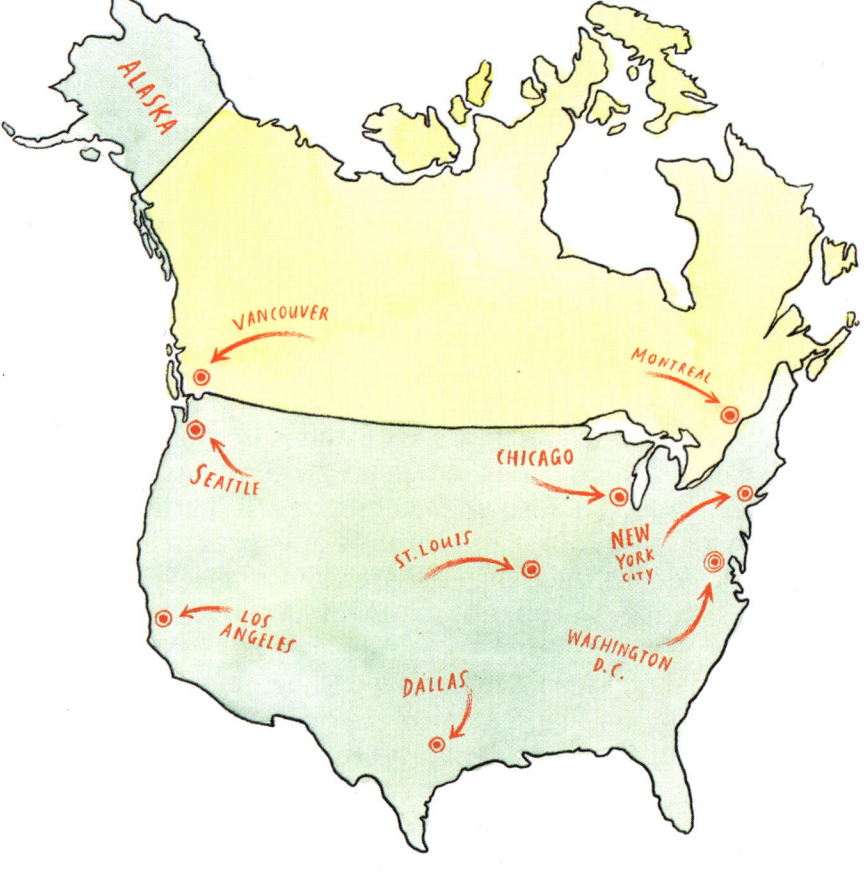

(hæng in ther) Hang in there!	(wut u bumr) What a bummer!
(hæv u gud trip) Have a good trip!	(bedr leyt thæn nevr) Better late than never!
(pardn mi) Pardon me?	(thæts laif) "That's life!"
(darn) Darn!	(wut hæpnd) What happened?
(lets siy) Let's see…	(help) Help!
(thæts inuf) That's enough!	(nevr maynd) Never Mind!
(thæts kul) That's cool.	(si yu leydr) See you later!
(yu bet) You bet!	(okey) OK!
(aym awdu hiyr) I'm outta here.	(wut u dræg) What a drag!
(yor kiding) You're kidding!	(bedr leyt thæn nevr) Better late than never!
(ayv hæd it) I've had it!	(o thæts tu bæd) Oh, that's too bad!
(chirz) Cheers!	(wuts thu mædr) What's the matter?
(it wuz awsum) It was awesome!	(dont menshun it) Don't mention it.
(enjoy yor mil) Enjoy your meal!	(ekskyuz mi) Excuse me!
(mi tu) Me too!	(aym slipi) I'm sleepy.
(aym ekzawsted) I'm exhausted.	(aym thrsti) I'm thirsty.
(aym swampt) I'm swamped.	(aym hungri) I'm hungry.
(haw niyt) How neat!	(wut luk) What luck!
(no wey) No way!	(ay dont keyr) I don't care.
(don't wuri) Don't worry!	(lets go) Let's go!

1600 SW 43rd St.   Renton, WA 98055   www.topics-ent.com

Instant Immersion™ Collection

Millions of people worldwide have discovered the value of Instant Immersion™, the most effective program available for learning to SPEAK a foreign language quickly. The entire Instant Immersion line can be found in better retailers everywhere and is available on CD-ROM for the computer, or Audio CD and Cassette.

The #1 Selling Brand - Over 2,000,000 copies sold!

COMPUTER SOFTWARE

Available in:

Spanish	Advanced Spanish
French	German
Japanese	Italian
English	Language Lab

AUDIO

Available in:

Spanish   Inglés   German   French   Italian   English   Japanese   Mandarin
Advanced Spanish

Additional Software Titles Include:

American	Brazilian	Estonian	Icelandic	Latvian	Nepali	Scots Gaelic	Tamazight Berber	Xhosa
Afrikaans	Bulgarian	Farsi	Indonesian	Lithuanian	Norwegian	Serbian	Tamil	Zulu
Albanian	Cantonese	Finnish	Irish	Malay	Papiamento	Sindhi	Telugu	
Amharic	Catalan	French	Italian	Malayalam	Polish	Slovak	Thai	
Arabic-Egyptian	Cornish	German	Japanese	Maltese	Portuguese	Slovenian	Tibetan	
Arabic-Modern Standard	Croatian	Greek	Jèrriais	Mandarin	Punjabi	Somali	Turkish	
	Czech	Gujurati	Kannada	Manx	Romanian	Spanish	Ukrainian	
Assamese	Danish	Hebrew	Khmer	Maori	Russian	Swahili	Urdu	
Basque	Dutch	Hindi	Korean	Marathi	Saami	Swedish	Vietnamese	
Bengali	English	Hungarian	Latin			Tagalog	Welsh	

www.topics-ent.com